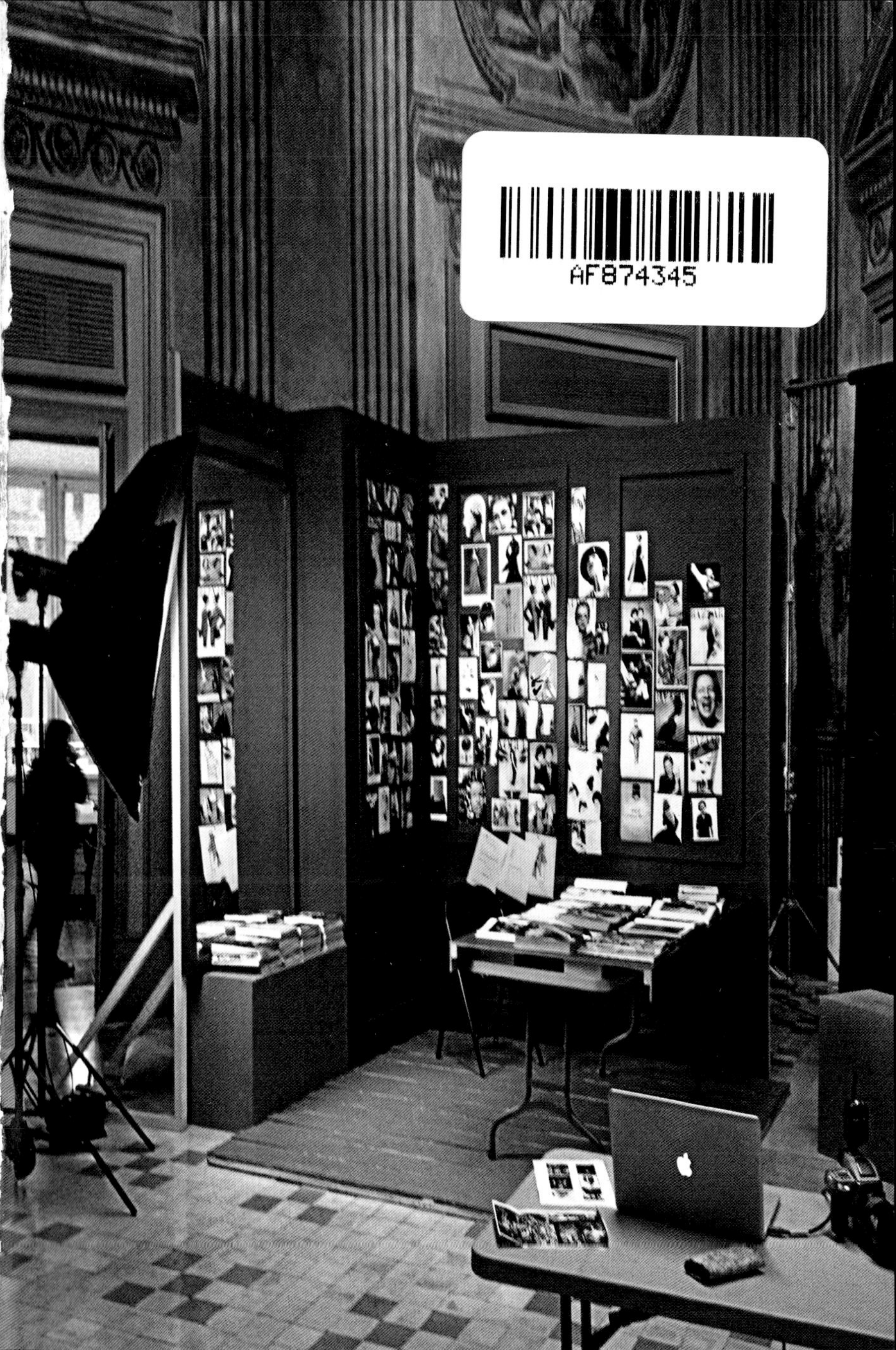

Biblioteca PHotoBolsillo

Manuel Outumuro

PHotoBolsillo LA FABRICA 20 ANOS

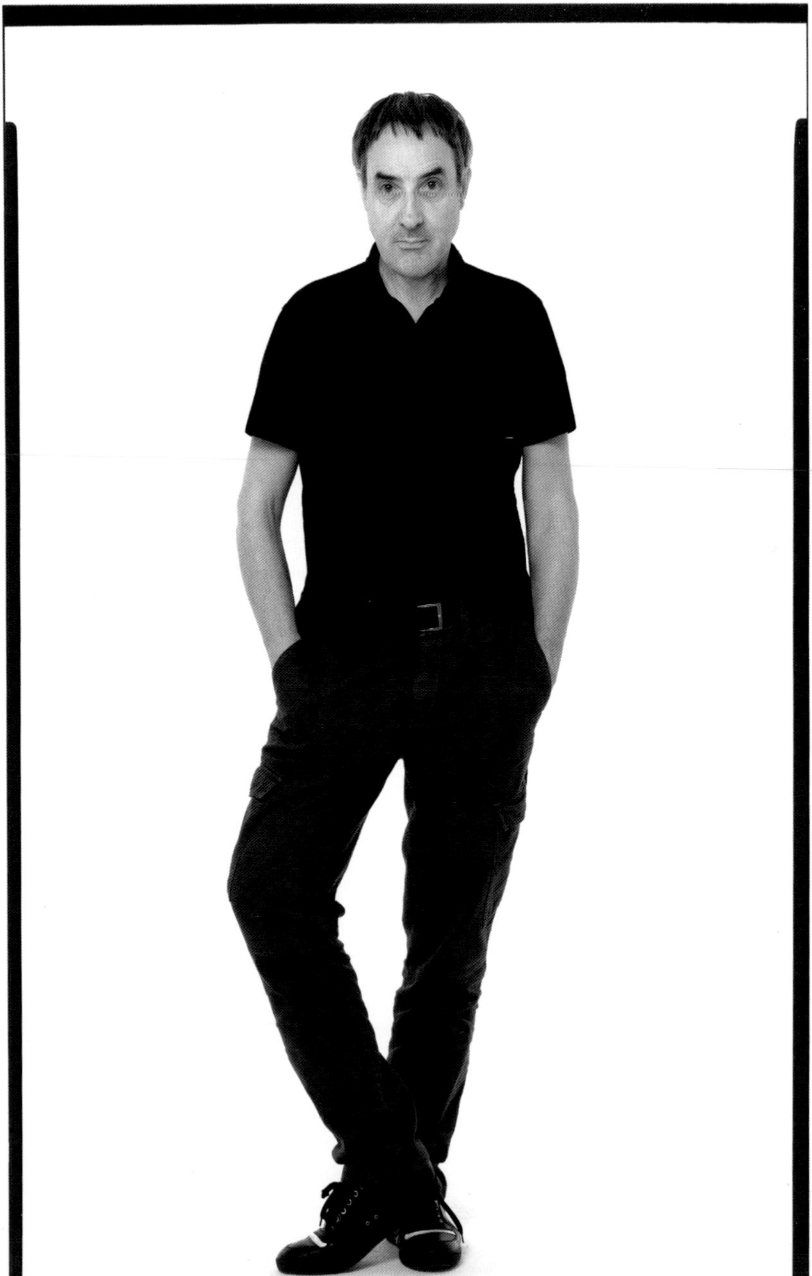

Manuel Outumuro

Un clásico de vanguardia

Joana Bonet

Autorretrato. Barcelona, 2011

Arranquemos por el principio: ¿por qué Manuel Outumuro, en poco más de veinticinco años, se ha erigido como un clásico de la fotografía de moda contemporánea y del retrato? Recuerdo la primera vez que me mostró sus fotografías, entre el júbilo y la timidez, con ese deje esquinado, tan gallego. Lo que empezó como una extensión natural de un talante creativo —no en vano Manuel Outumuro había trabajado como director de arte, diseñador gráfico e ilustrador— se asentó con una solidez imbatible. Rápidamente, barrió cualquier otro de sus oficios, que como buen espíritu renacentista ha seguido cortejando a fin de dialogar con sus fotografías: desde el arte hasta el cine, la literatura o la edición de libros. Aquellas primeras imágenes de debutante que contemplé en la redacción de la revista *Woman* pertenecían a una sesión de moda fotografiada en la capital francesa, toda una declaración de principios, donde bajo el título «La vanguardia vuelve a París» nos descubría diseñadores emergentes como Isabel Marant o Martin Margiela, que el tiempo pronto consagraría.

Outumuro adoraba la moda. Había vivido en el Nueva York de Halston, Richard Martin y su amiga Elsa Peretti, de quien fue comisario de su retrospectiva en el Fashion Institute of Technology (FIT), y había tomado vodka en el privé de Studio 54 con Andy Wharhol y su cuadrilla; curioso observador que fue asimilando una amalgama de referentes que más tarde alimentarían sus composiciones: la naturaleza melancólica de una aldea gallega, los libros de arte, las bibliotecas, el gótico de Barcelona, los museos, los históricos trajes de Balenciaga que fotografió en Guetaria. Así hasta lograr un dominio del glamour absoluto; eso sí, perlado por su toque *sauvage*.

Detrás de cada gran fotógrafo existe una historia del ojo. De su educación y su conmoción, de su ironía y sus sueños, de su romance con la luz y el alma. Su firma empezó a forjarse con la mirada. Tanto en planos cortos, dominados por el personaje, como en composiciones donde el espacio invade la escena, la mirada marca un juego de distancias y cercanías en el que, por encima de todo, enaltece la belleza.

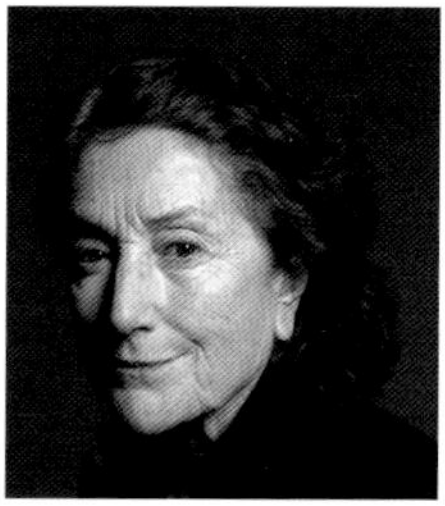

Rosa Regàs. Barcelona, 2009

A Outumuro siempre le ha empujado el reto de hallar un lado inédito del personaje. Se tratara de una

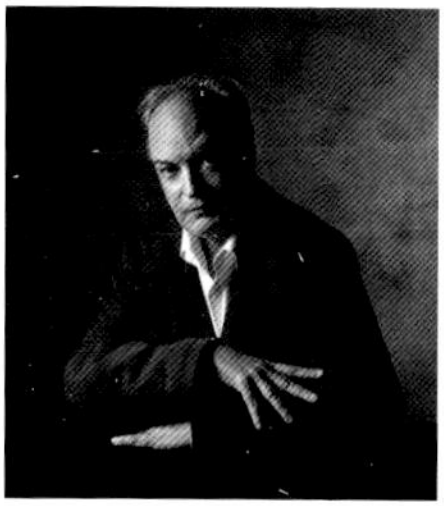

Enrique Vila-Matas. Barcelona, 2012

socialité o un escritor, fuera José Coronado o Lang Lang, Nieves Álvarez —tan turbadora en el libro— o Penélope, en claroscuro. Outumuro medita sus fotos. Practica un recogimiento previo. Una espiritualidad laica y virtuosa, también cierto tumulto interior, igual que los místicos. La idea de la foto convive con él durante días a la manera del poeta que esboza la arquitectura del poema en una servilleta de un bar. Y en un proceso de ensoñación, evoca la Venus de Milo, Goya, Velázquez, Kertész, August Sander u Ortiz Echagüe, quienes ya incorporaban la ropa como un elemento compositivo. No se entendería el estilo Outumuro sin la creación de geometrías carnales y espaciales, a menudo fundidas en una misma imagen.

Hechizo clásico: Horst, Avedon, Penn, sin miedo al fondo blanco ni al gesto desnudo. El artificio entra en escena cuando armoniza, nunca para desafiar el orden ni la armonía del cuerpo, tan solo si aporta a la composición un punto de fuga, sea un tocado de plumas o unas columnas neoclásicas. En la obra de Outumuro se percibe una recreación de los ecos que beben del humanismo y el Renacimiento, de quienes experimentaron diferentes ópticas y estudios de la anatomía humana. Cuerpos bidimensionales que rinden homenaje al grafismo, al Op art y a las vanguardias de principios de siglo XX. O perfiles victorianos, románticos, hipermodernos. Porque como sostiene Gilles Lipovetsky: «La modernidad era negadora, la supermodernidad es integradora».

En su absoluto dominio de la fotografía de moda se despliegan tres pilares: las modelos, el contexto y el futuro como elementos poliédricos que conforman la esencia del género. Lo real desaparece para transformarse en símbolo icónico. Se trata de un factor clave para entender su entronización como clásico, siempre al margen de las tendencias, incluso de la provocación y del espectáculo. Porque su ambición transciende a la propia esencia de la moda: su caducidad. Sus mujeres, «si aman, aman con los gestos comedidos, casi ausentes, de las heroínas de Wong Kar-wai. Si tienen conflictos interiores, estos nunca se circunscriben al ámbito doméstico, sino que poseen los acentos desgarrados —que no desgarradores— de las almas atormentadas salidas de la inagotable filmografía de Ingmar Bergman.

Son valientes, tercas, exquisitas, nobles, decididas, rubias en el sentido más profundo de la palabra, que nada tiene que ver con el color del pelo. Hay una perfecta armonía entre lo que llevan —llamémosle moda, aunque va mucho más allá del término— y lo que sienten», escribía Isabel Coixet a propósito de sus *remakes* cinematográficos capaces de capturar con precisión el plano maestro.

He tenido la inmensa fortuna de asistir al origen de muchas imágenes que aparecen en este libro como editora de revistas de moda, pero sobre todo como cómplice, amiga y admiradora de Outumuro. De recibir sus primeras ideas para hacer una Polly Maggoo a lo William Klein, de unir a Picasso con la camiseta marinera de Ferran Adrià, o de solicitar permisos al Victoria and Albert Museum para rendir tributo a la incestuosa relación entre arte y moda, y aspirar a fotografiar trajes de alta costura con las tempestades de Turner de fondo. Años de compartir dudas y debatir intenciones, de convertir una de las tendencias de primavera —verano u otoño-invierno en un manifiesto sobre la memoria y la belleza—. «El verdadero contenido de una fotografía es invisible», escribió John Berger en su tratado *Modos de ver,* confirmando que nunca miramos solo una cosa, sino la relación entre ellas y nosotros mismos. Porque la fotografía resulta una construcción artificial de la imagen que nos hace sentir la presencia y la ausencia del otro. Revela un mundo subjetivo detrás de su inmovilidad y su pose. Percibimos la respiración contenida y el esfuerzo por transmitir una verdad alejada del mundo real. Pero no por ello deja de ser verdad. Esa es la grandeza del fotógrafo: dirigir la autorrepresentación de la visión que se posará ante nuestros ojos, buscando la luna de un espejo interior. Su secreto consiste en hacerla humana a pesar de que la finalidad del retrato persiga la construcción del mito.

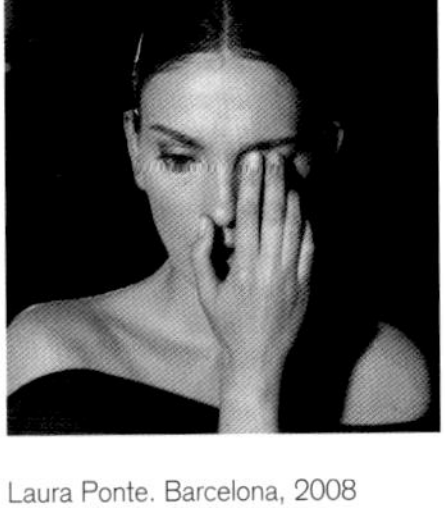
Laura Ponte. Barcelona, 2008

Outumuro es un buscador de belleza. No tolera la provocación si no va acompañada de armonía. Detesta los obstáculos, pero siempre acaba domesticándolos y para ello primero los conceptualiza, luego los visualiza y al final dispara. Esteta obsesivo, persigue la perfección que a menudo se quiebra en los paisajes cotidianos, y se sirve de la indolencia o la altivez, de la ingenuidad

Dancing Wedding. Barcelona, 2005

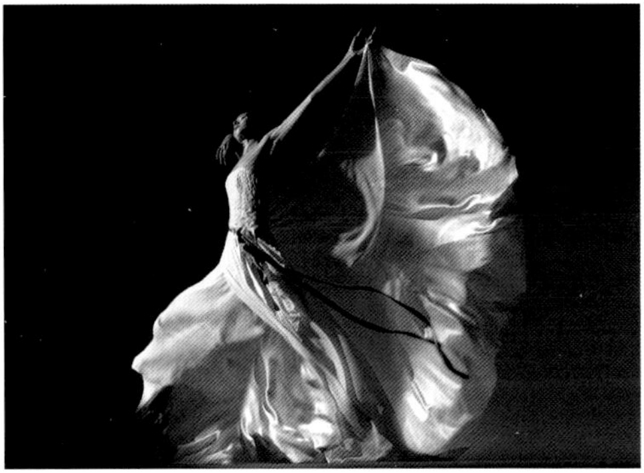

o del misterio para conquistar su fin. Que pase un ángel y la belleza inmaterial pueda ser poseída por su ojo. Y, como enunció Maurice Blanchot, «cuando el ser se hace presente en su ausencia, es cuando comienza a parecerse a sí mismo».

Blanco y negro. La seducción de la luz. Un juego de sombras sutilmente freudiano sobre el cual emergerá su mirada tan sagaz como refinada. Tanizaki, en *Elogio de las sombras,* sostiene que la tradición japonesa se extendió como una articulación entre luces y sombras, haciendo del claroscuro su objeto preferido. La luz debía cabalgar la sombra: «la belleza, en la antigua cultura japonesa, no era en sí misma un hecho, sino el resultado de la yuxtaposición de lo claro y lo oscuro». Outumuro no es japonés, aunque la fonética de su apellido cree confusiones, pero profesa un íntimo idilio con las sombras.

Detrás de cada imagen que compone este libro, Outumuro se ha plantado frente a su objetivo provisto de un respeto casi amoroso ante el plano, sean unas modelos de espaldas avanzando sobre el puente del Sena o sea Enrique Vila-Matas de frente. Las imágenes dejan de ser ellas mismas para convertirse en el resultado de la voluntad, del hallazgo y el azar. Es real, sí, pero sobre todo es inmortal el sentimiento que golpea el clic, como un aria grandiosa o un rapto stendhaliano hasta congelar el gesto y editarlo. Entremedio, una silenciosa distancia nos atrapa y nos reconforta, sin pretensiones ni etiquetas, al estilo de los clásicos capaces de convertir lo complejo en sencillo, la vigilia en sueño, la fotografía en leyenda.

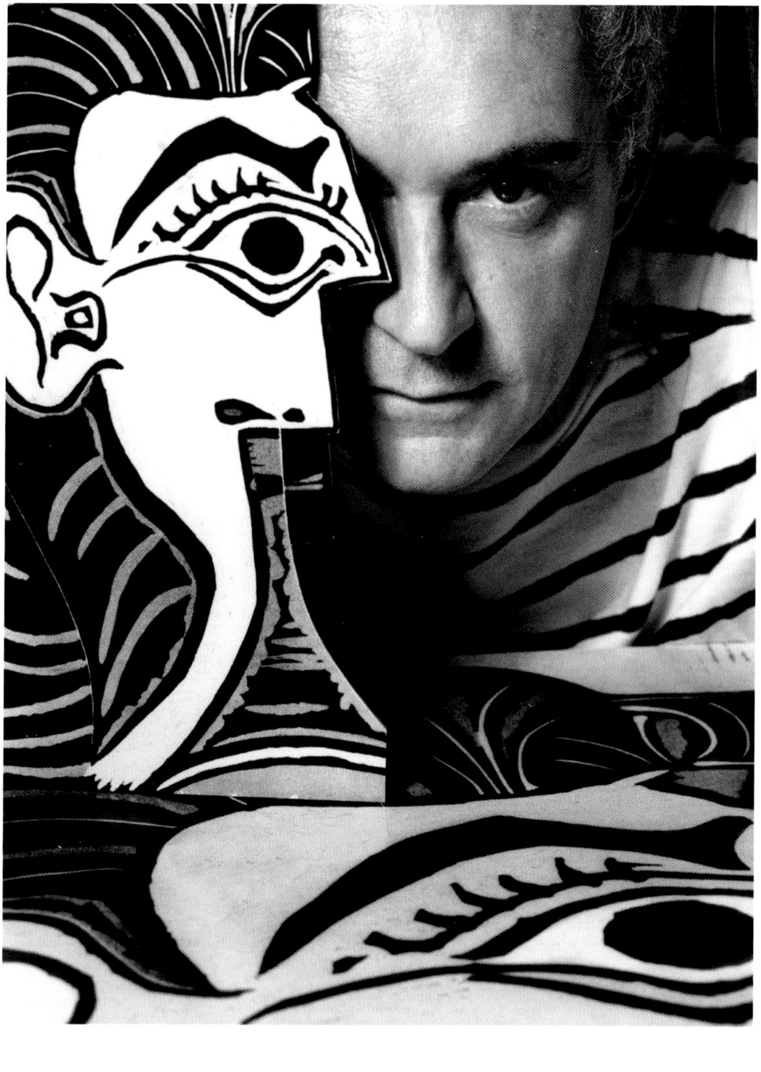

01. Ferran Adrià. Barcelona, 2012

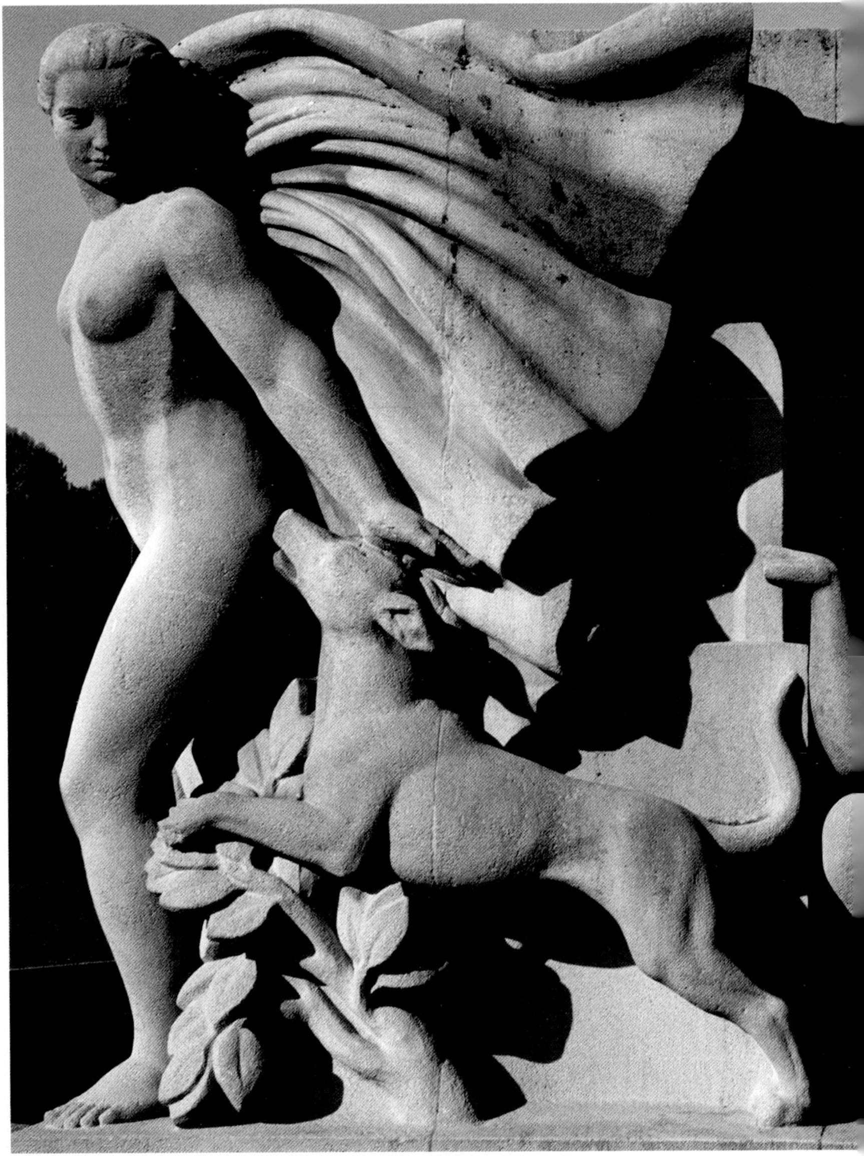

02. Trocadero. París, 2003

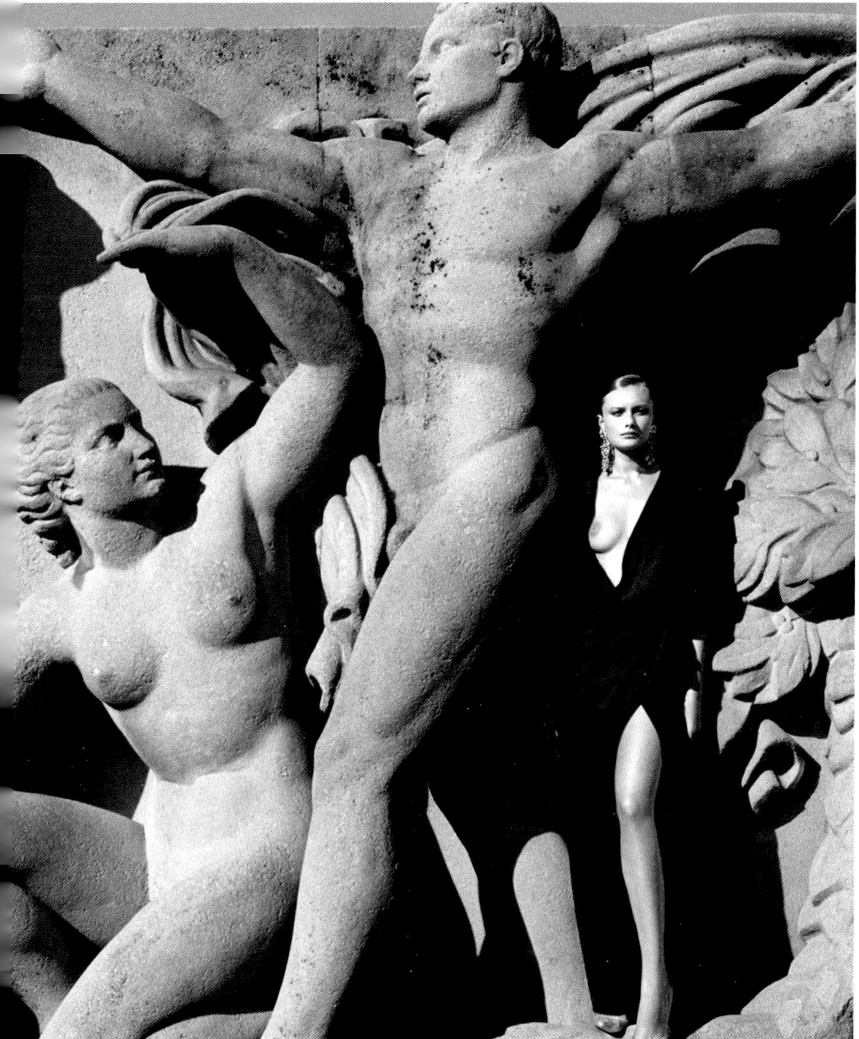

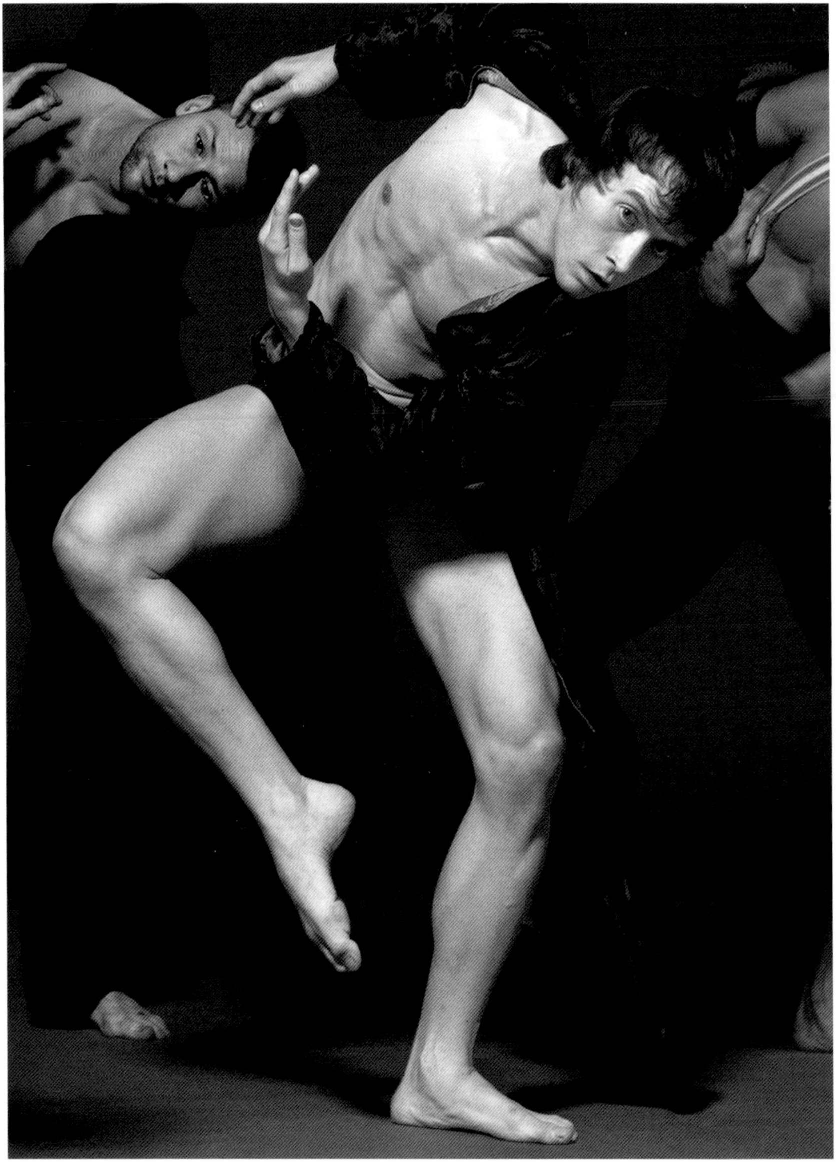

03. Robert Gómez y Cia Gelabert Azzopardi. Barcelona, 2009

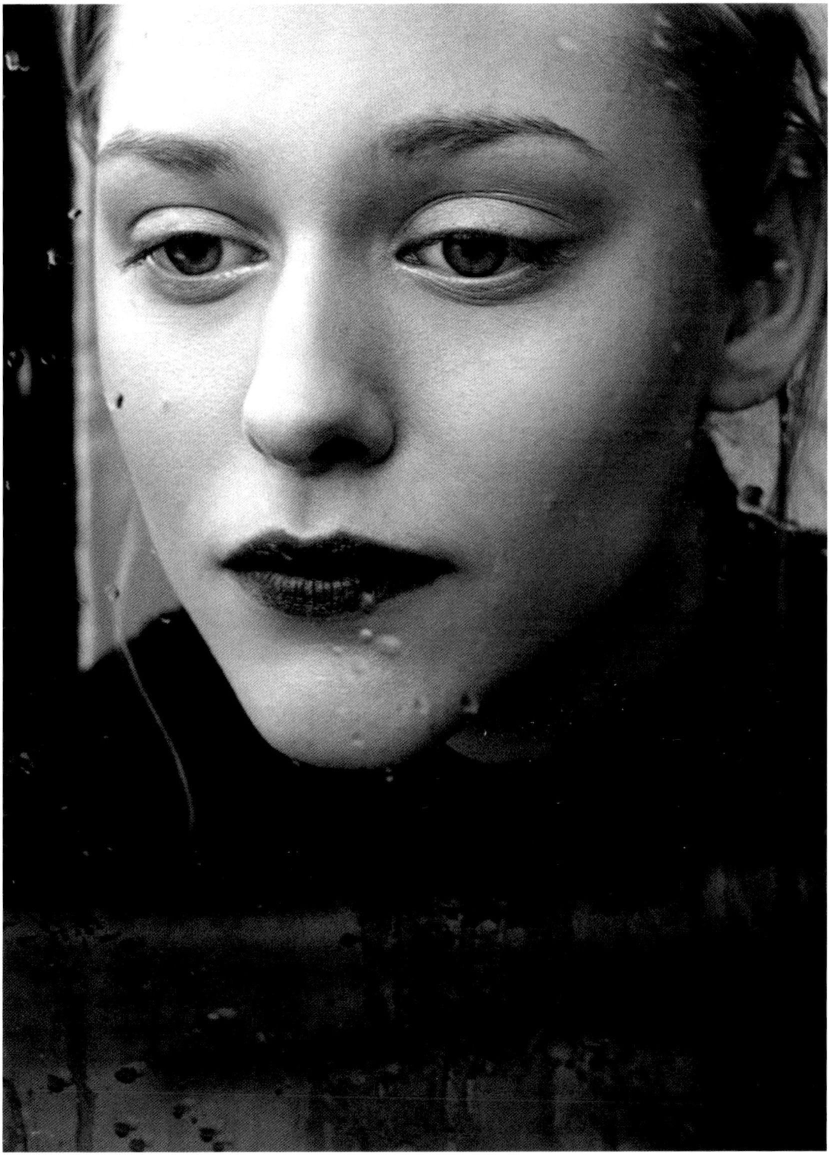

04. Tania Court en el Soho. Londres, 1996

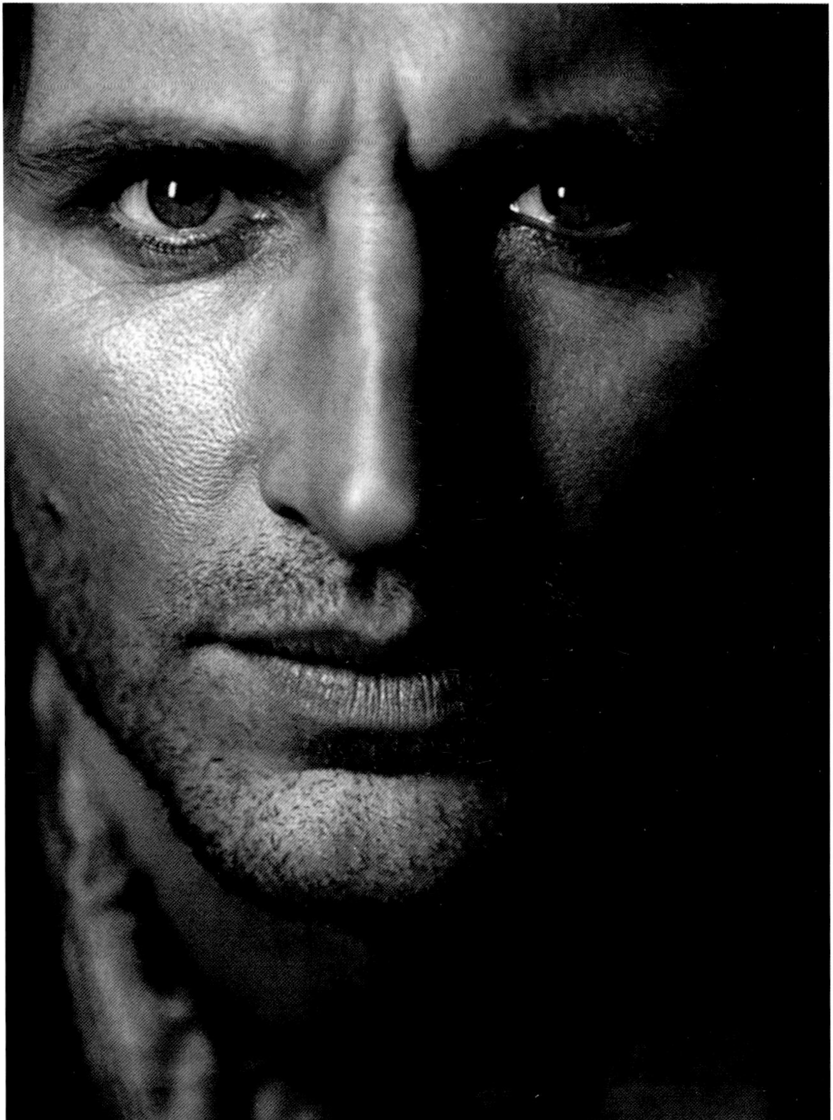

05. Christopher Eccleston, *Los otros*. Madrid, 2000

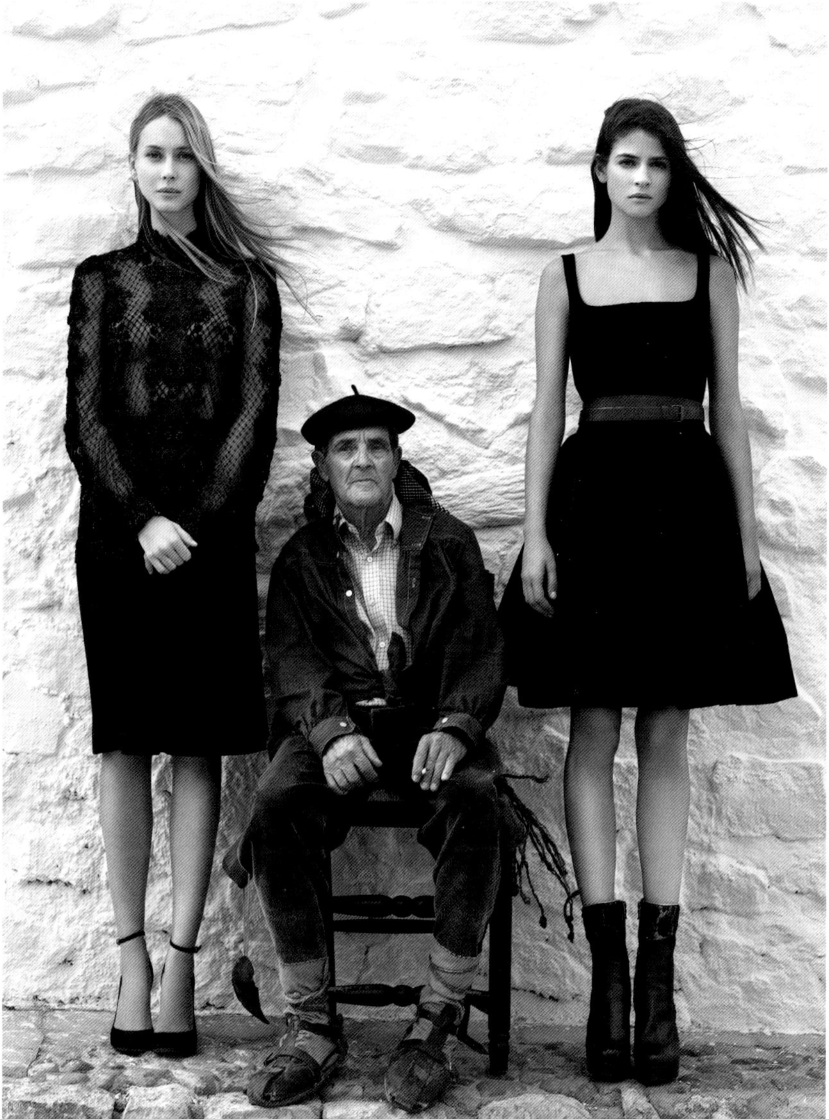

06. Vanessa Lorenzo y Alba Galocha. Campo de Criptana, 2012

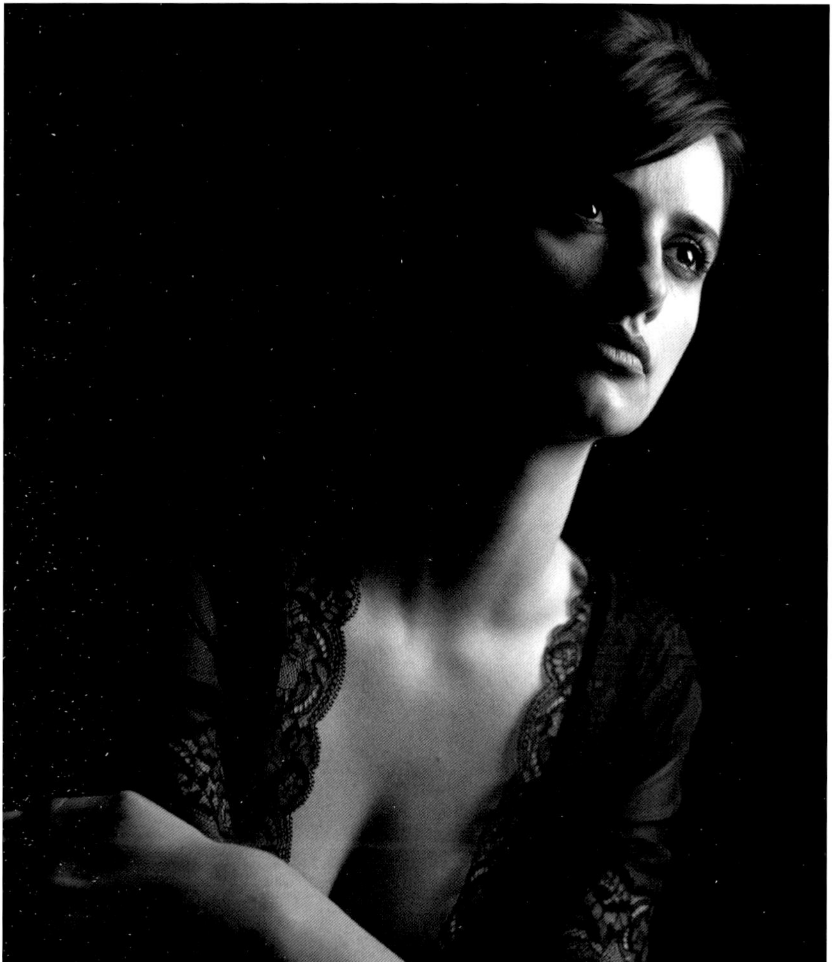

07. Penélope Cruz. Madrid, 2006

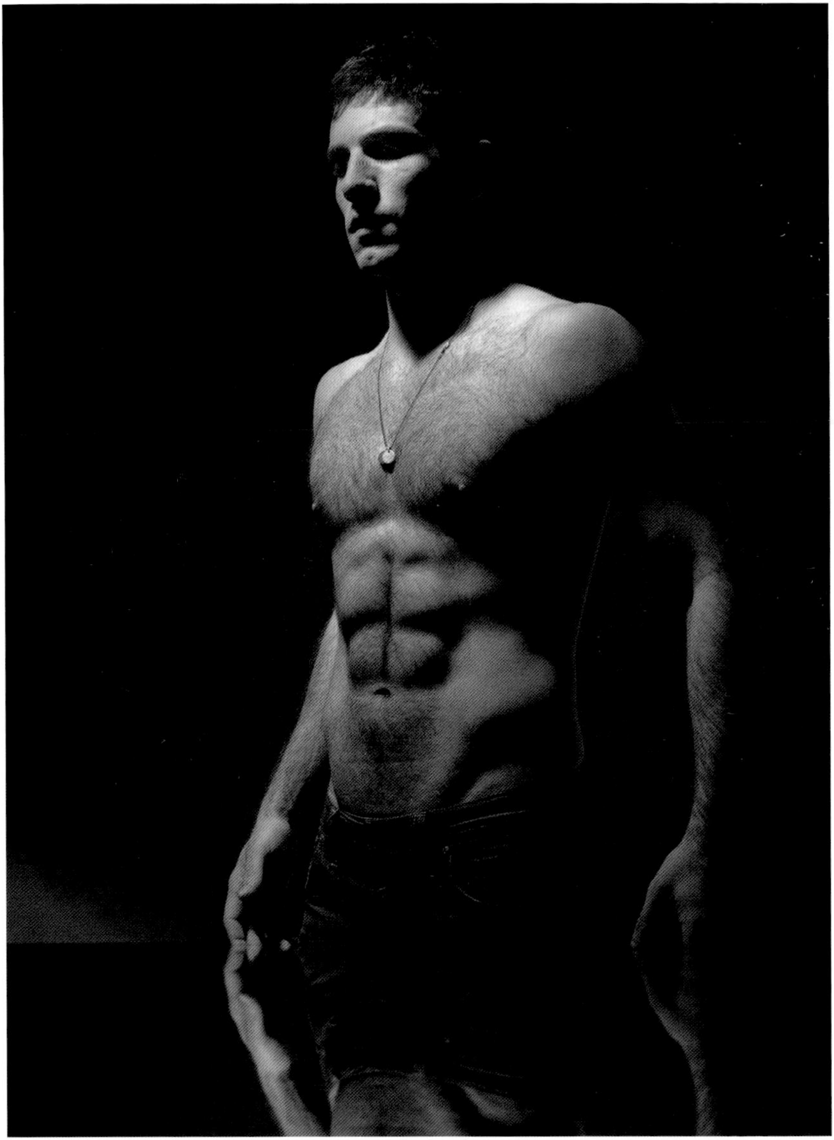

08. Quim Gutiérrez. Madrid, 2008

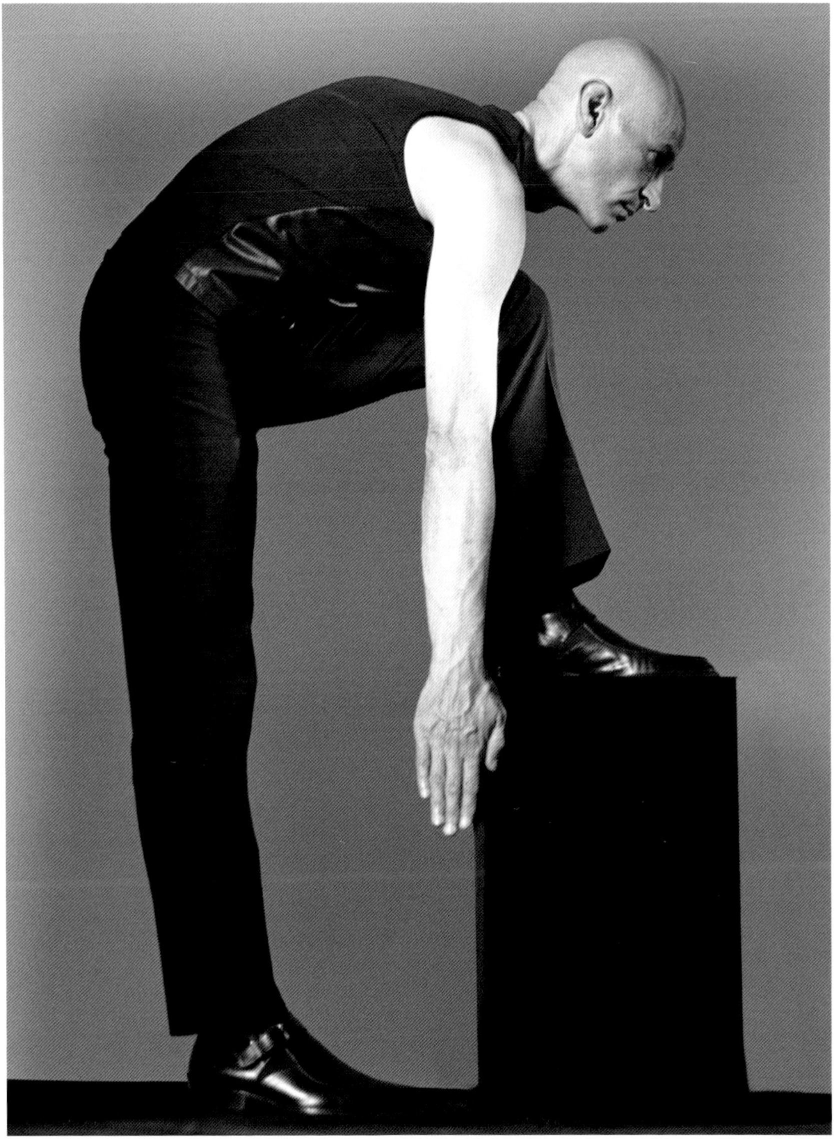

09. Cesc Gelabert. Barcelona, 2003

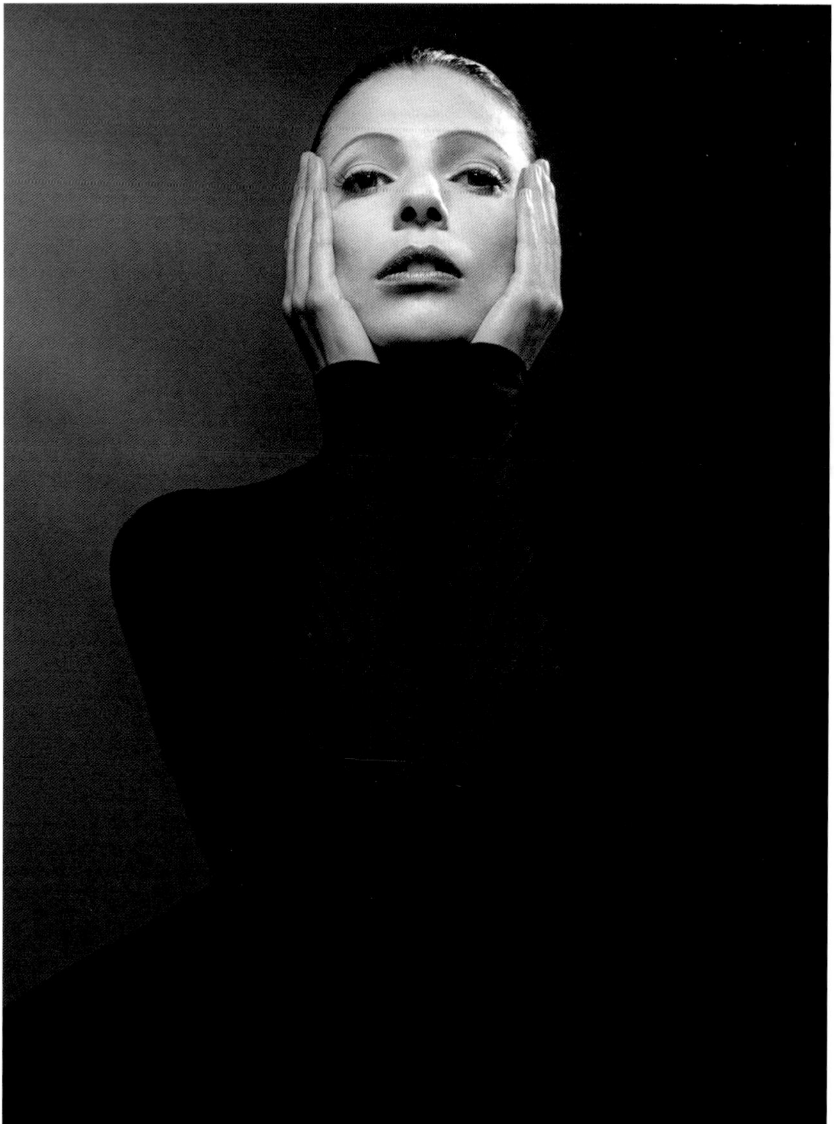

10. Maribel Verdú. Madrid, 2011

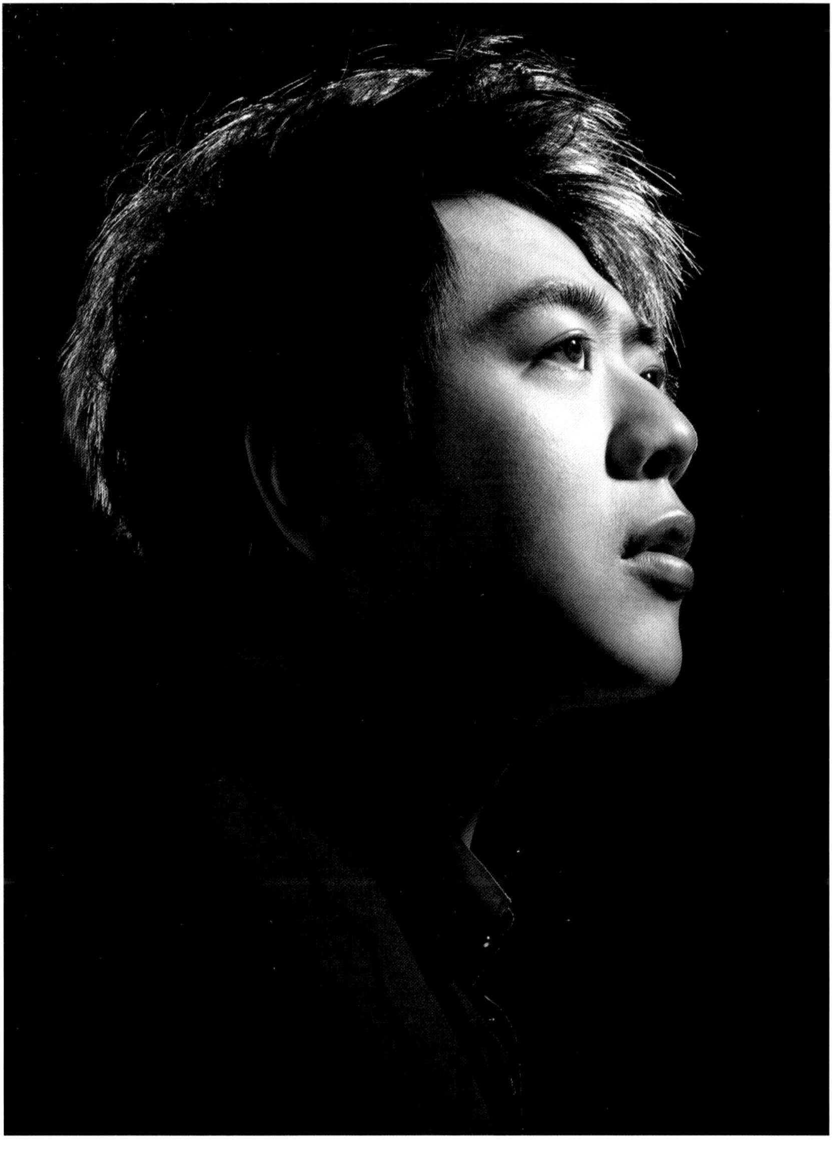

11. Lang Lang. Barcelona, 2012

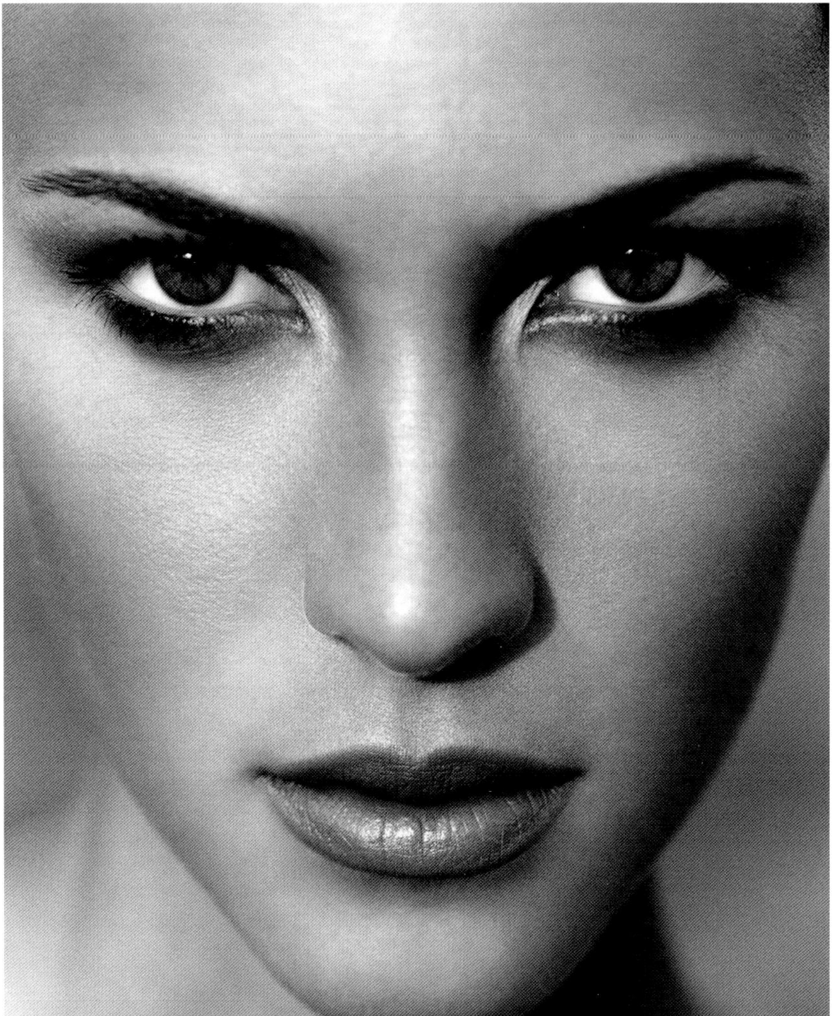

12. Linda Hardy. Kenia, 1997

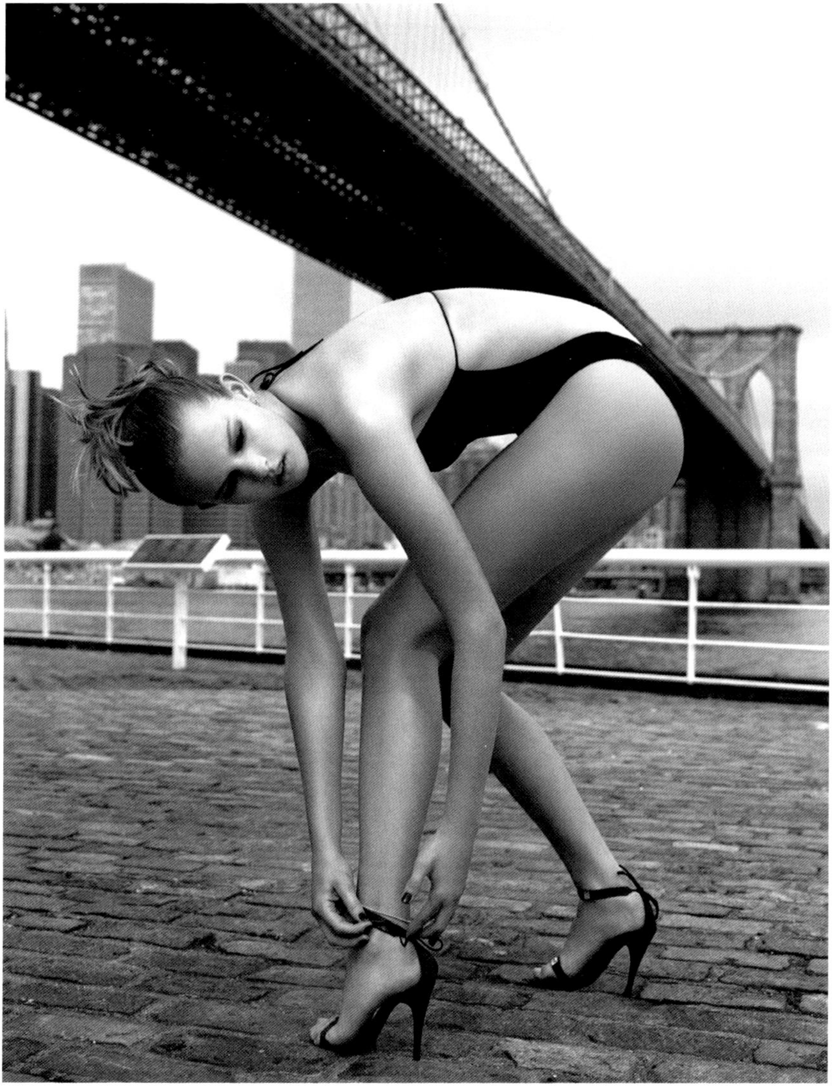

13. Brooklyn Bridge, Nueva York, 1997

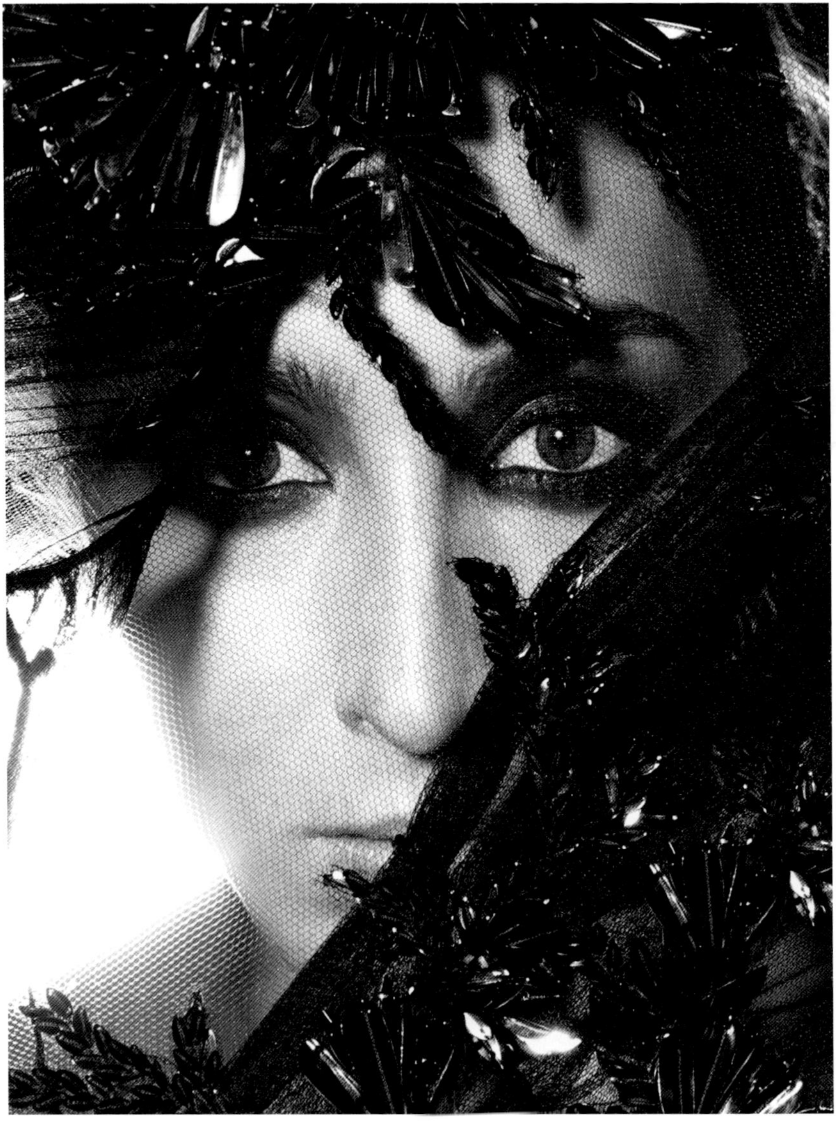

14. Estrella Morente. Madrid, 2012

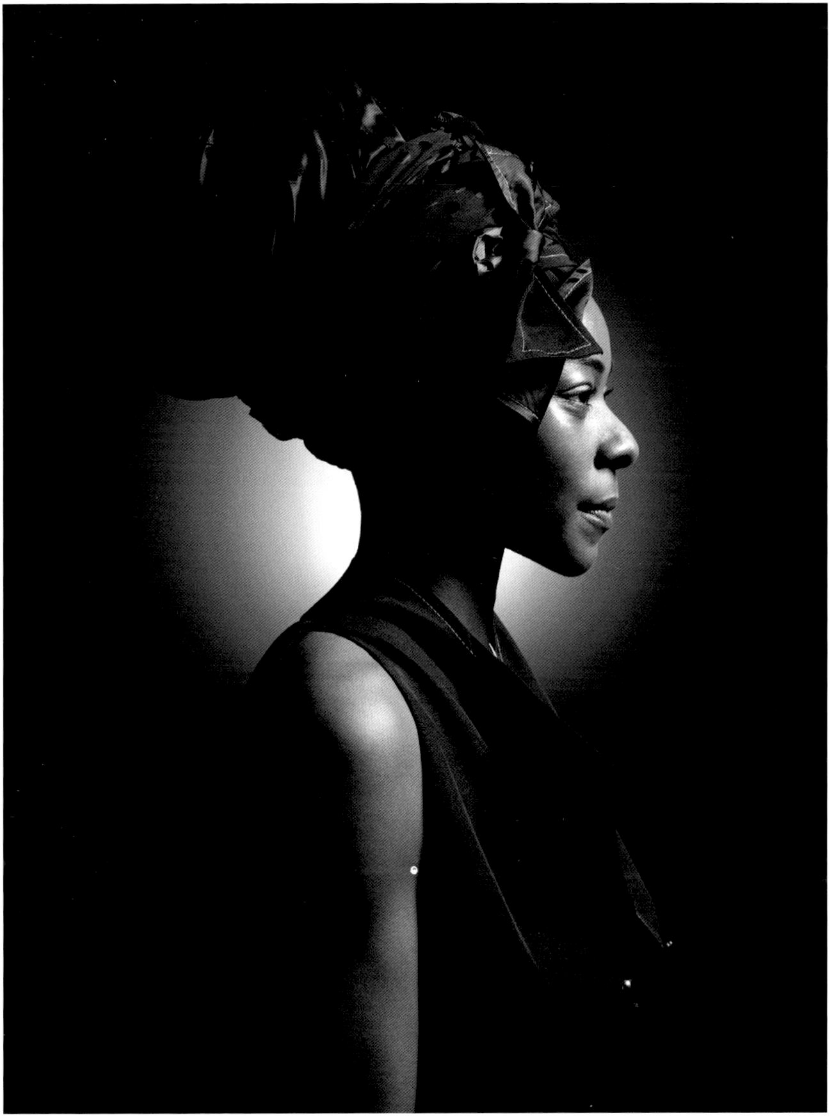

15. Concha Buika. Madrid, 2010

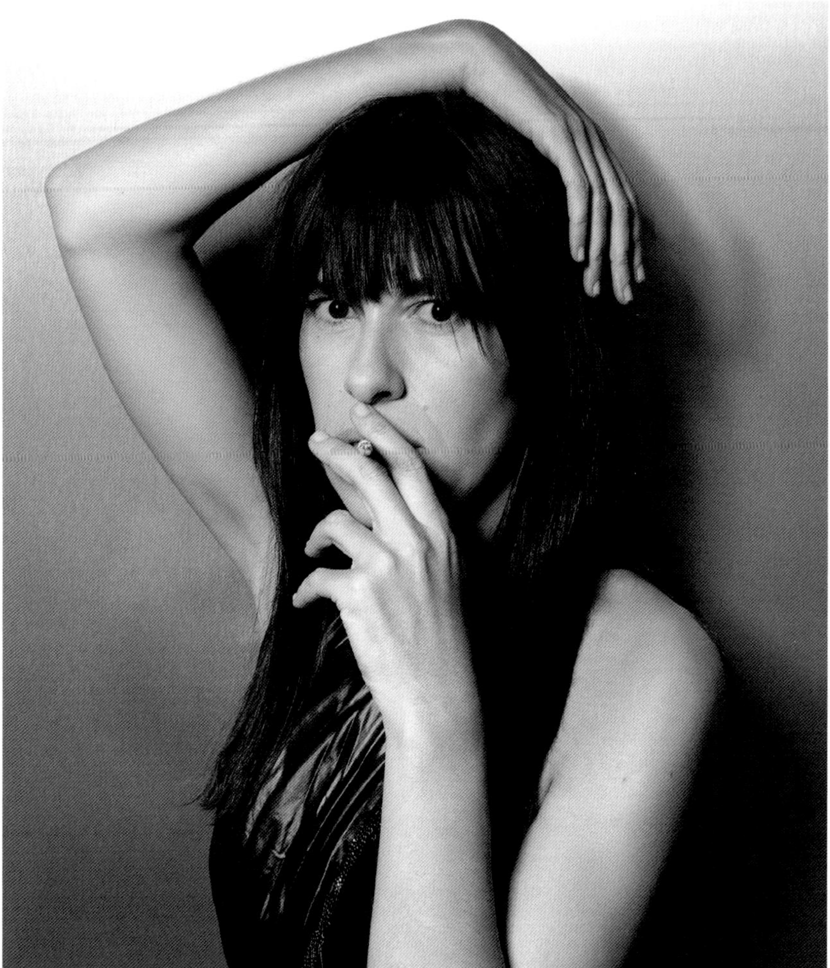

16. Amaya Arzuaga. Madrid, 2007

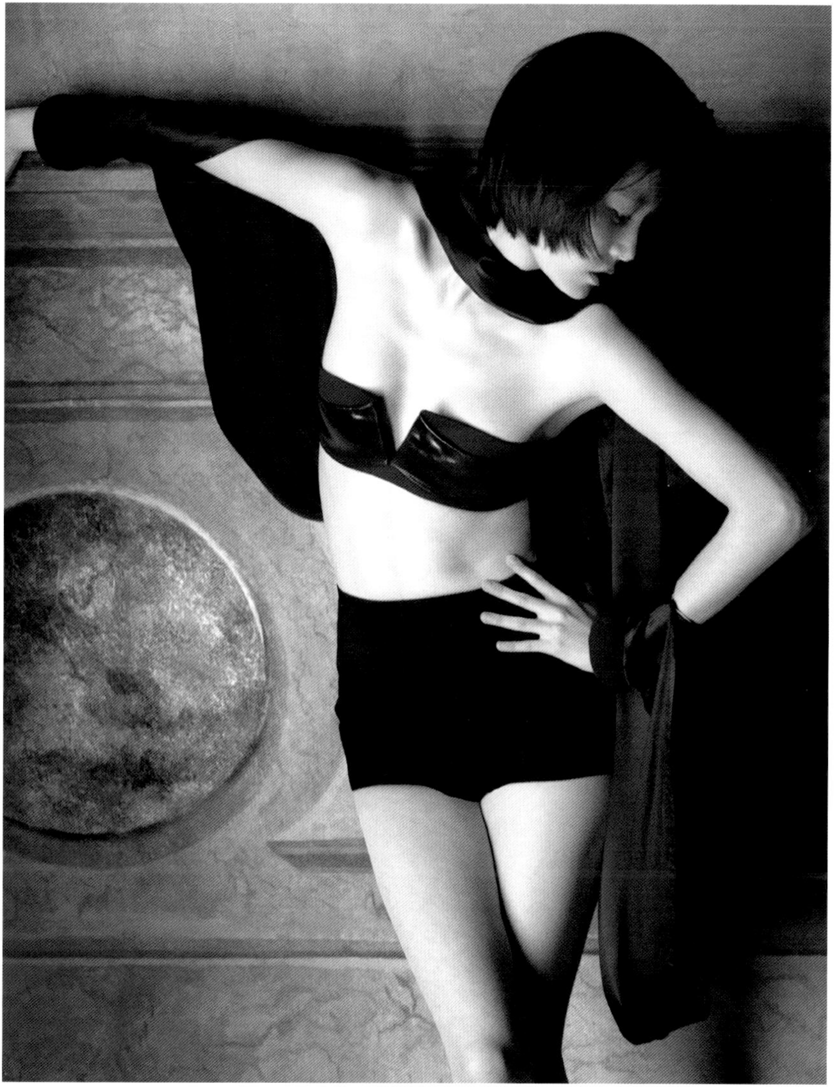

17. Rinko Kikuchi. Barcelona, 2009

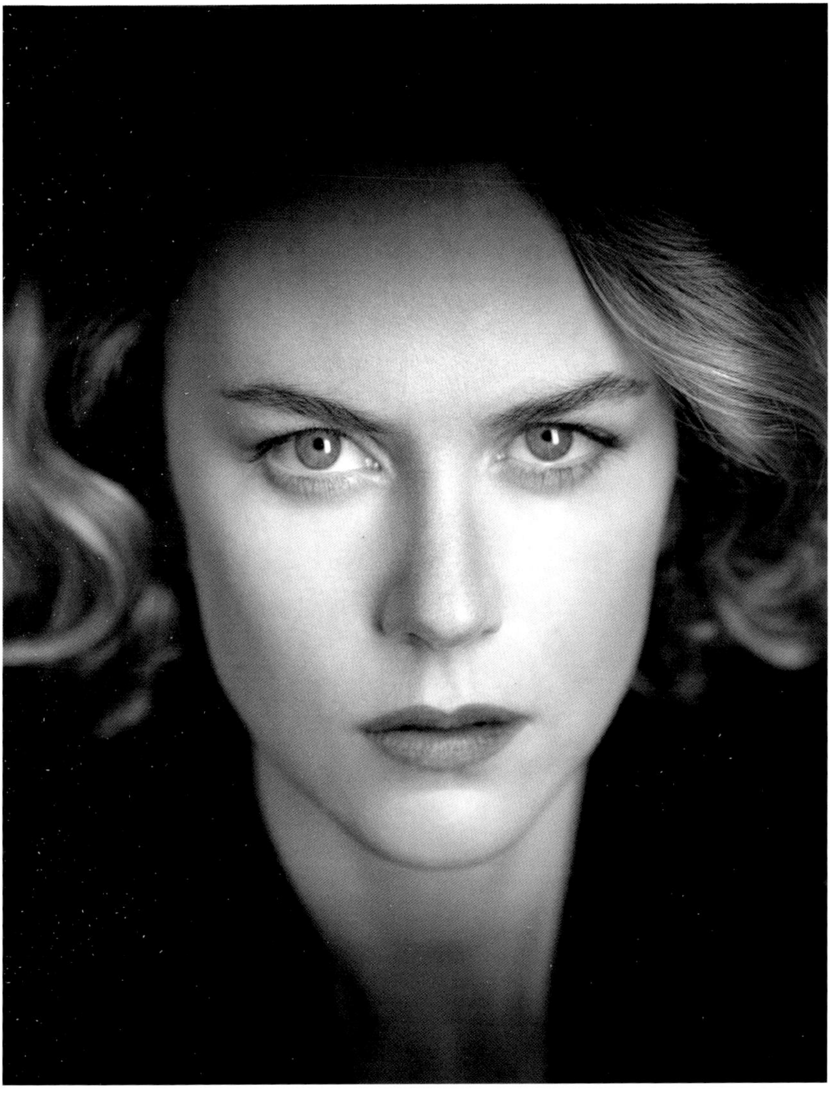

18. Nicole Kidman, *Los otros*. Santander, 2000

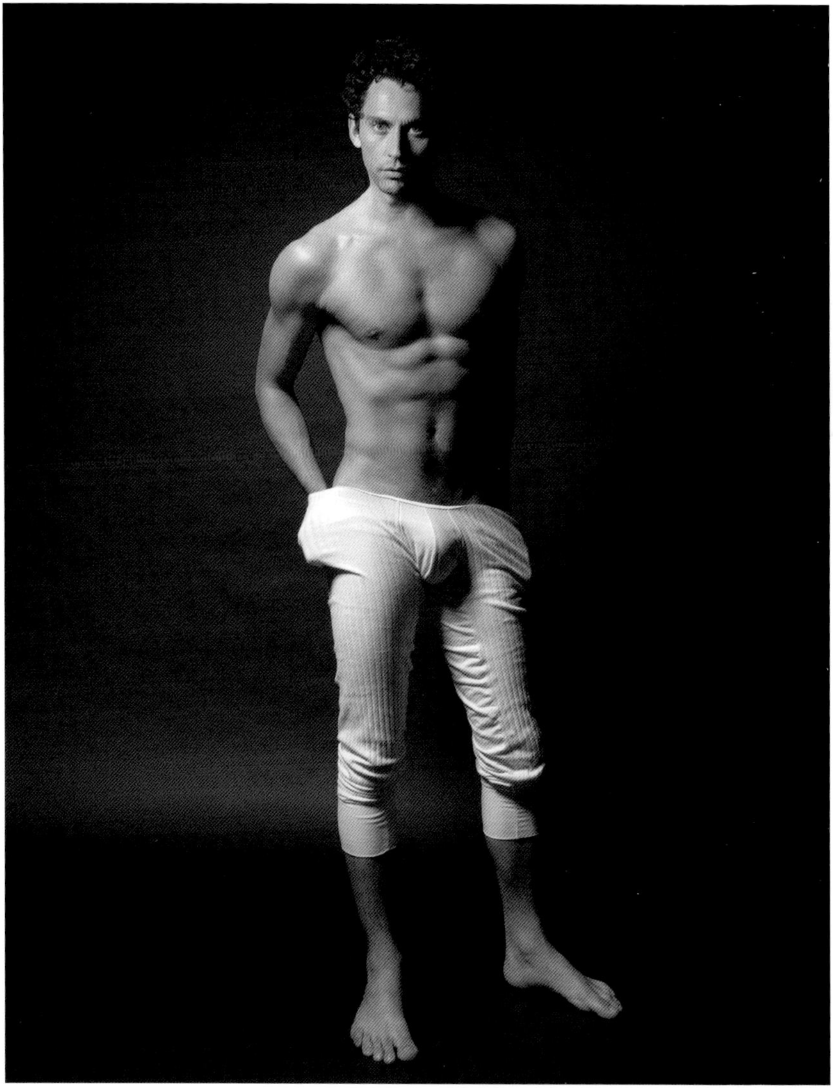

19. Paco León. Barcelona, 2008

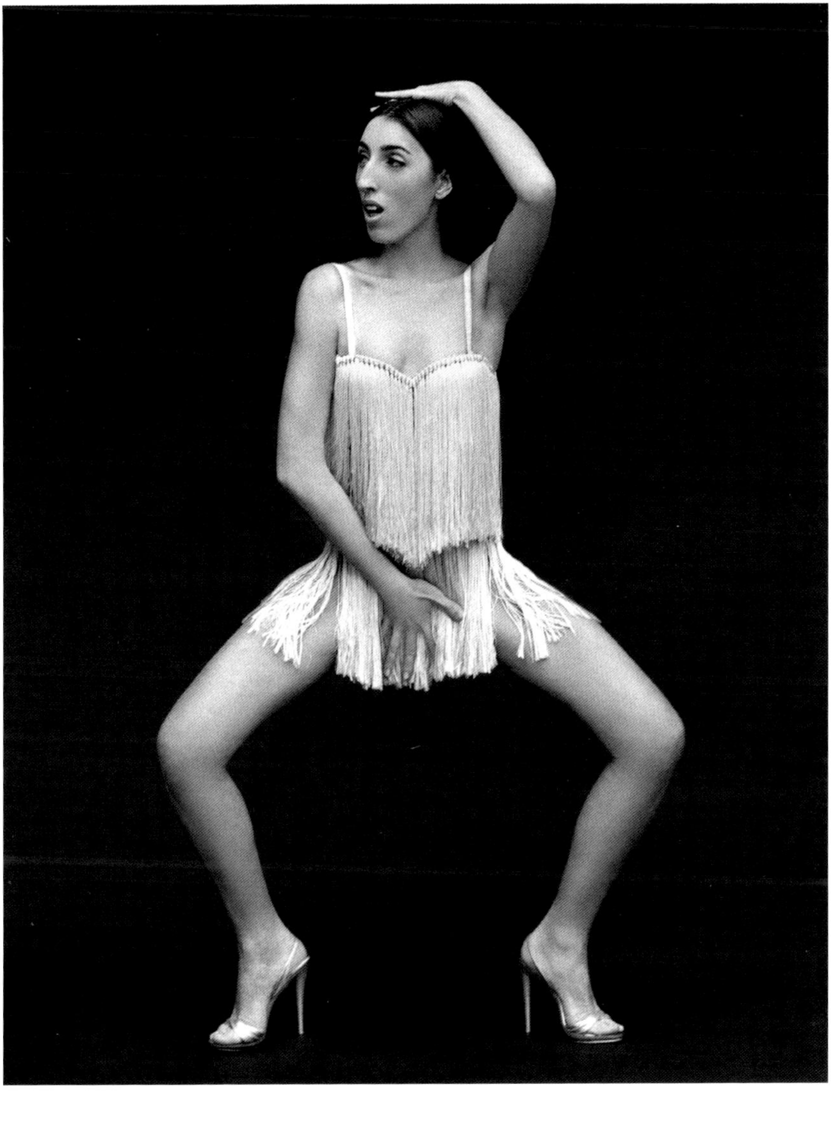

20. Rossy de Palma, Barcelona, 1994

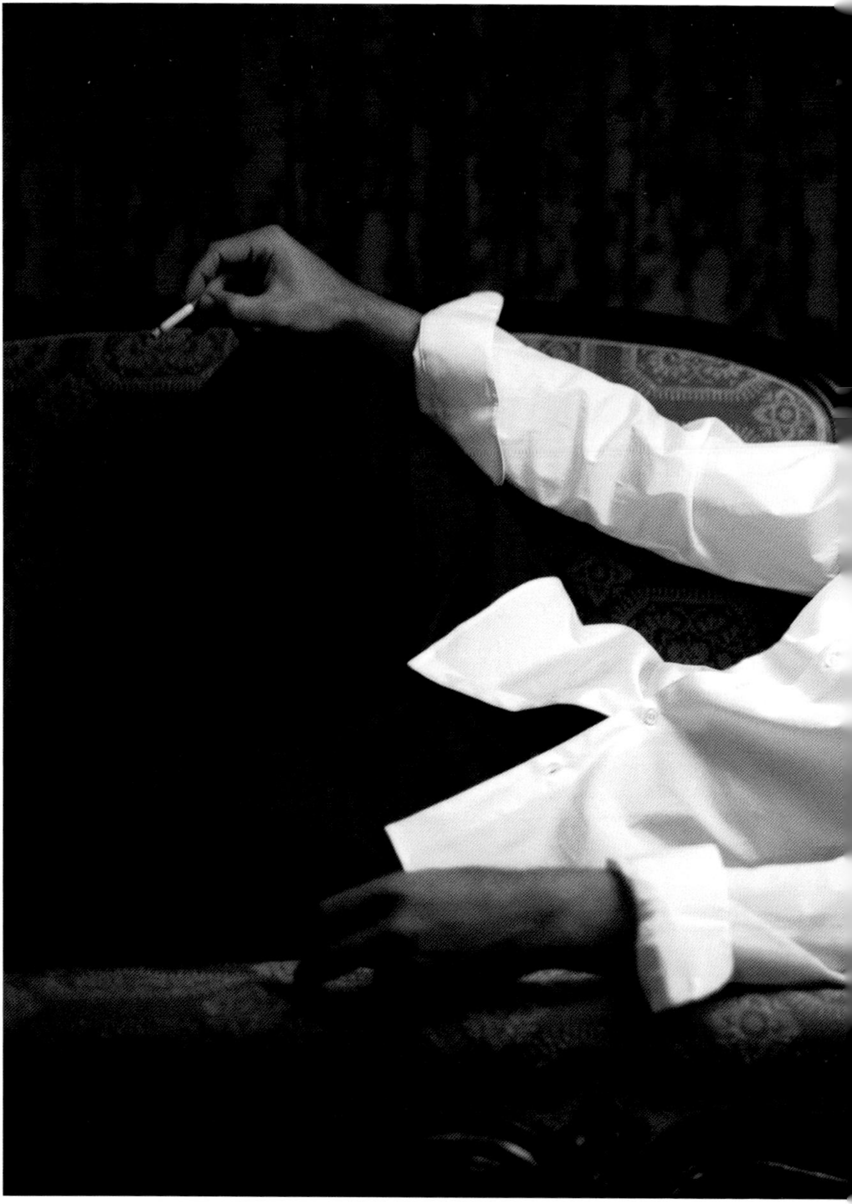

21. Javier Bardem. Madrid, 2004

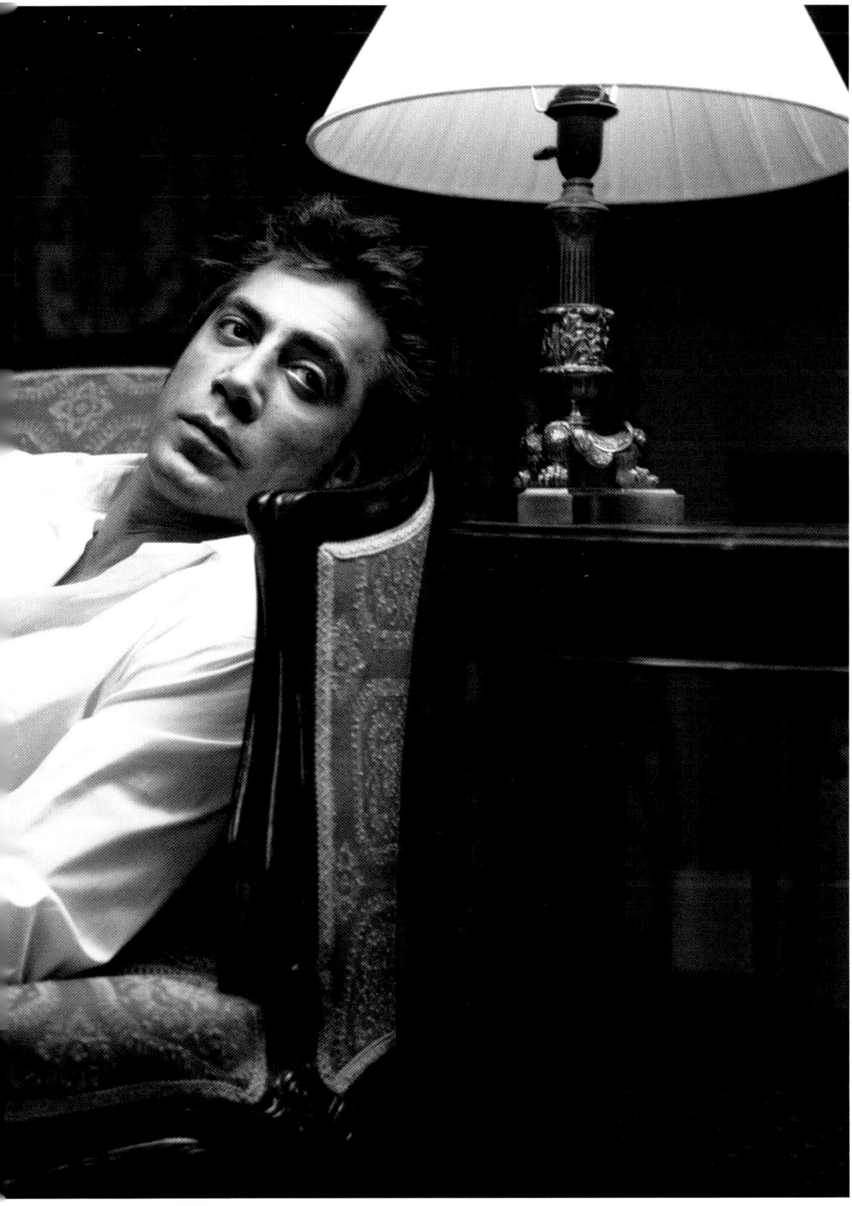

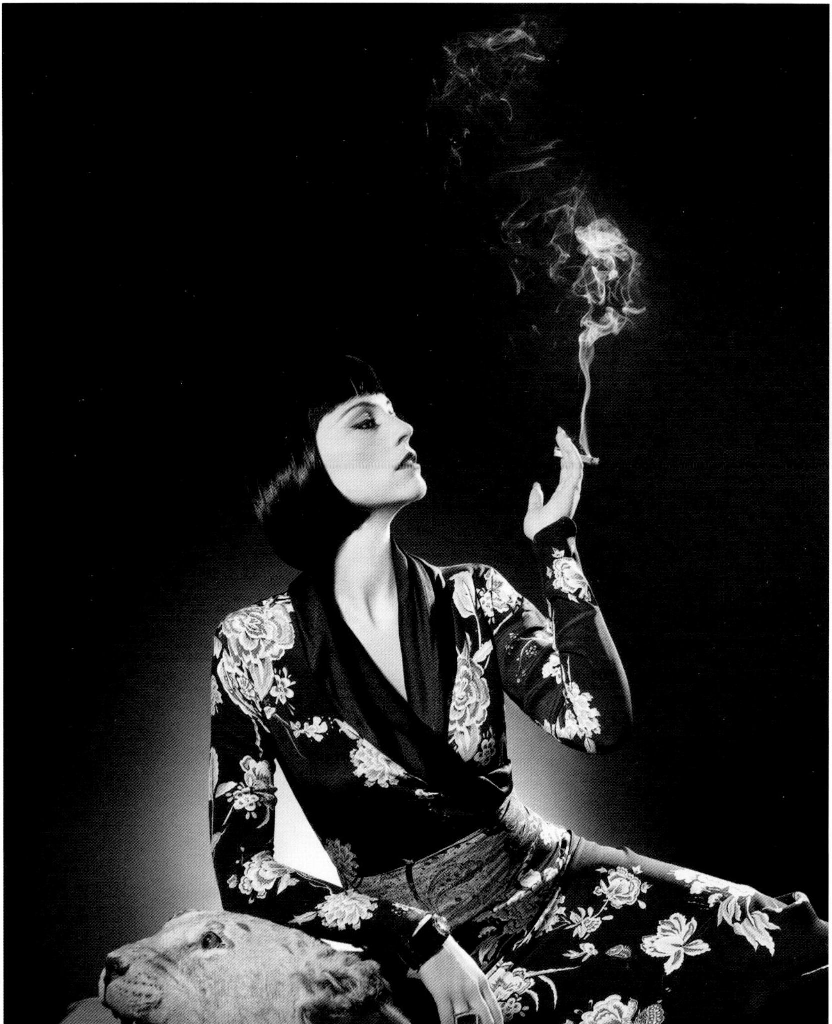

22. Leonor Watling. Madrid, 2010

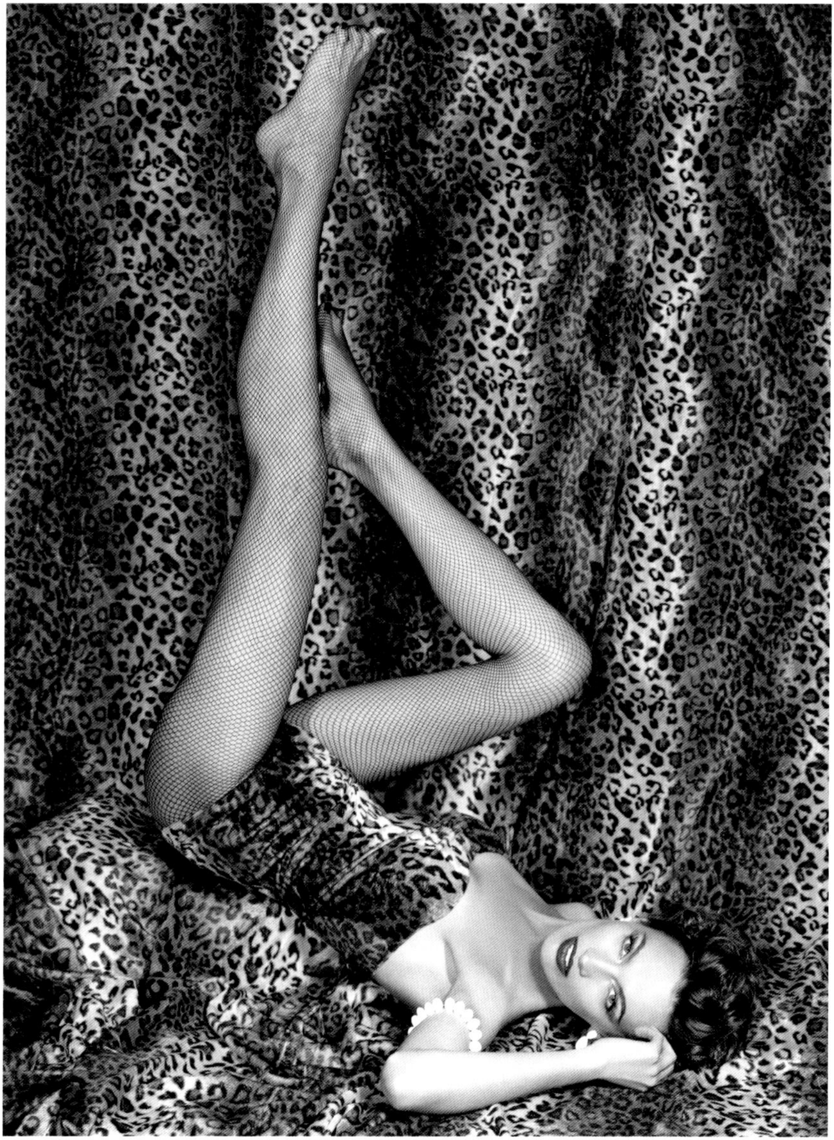

23. Nieves Álvarez. Madrid, 2011

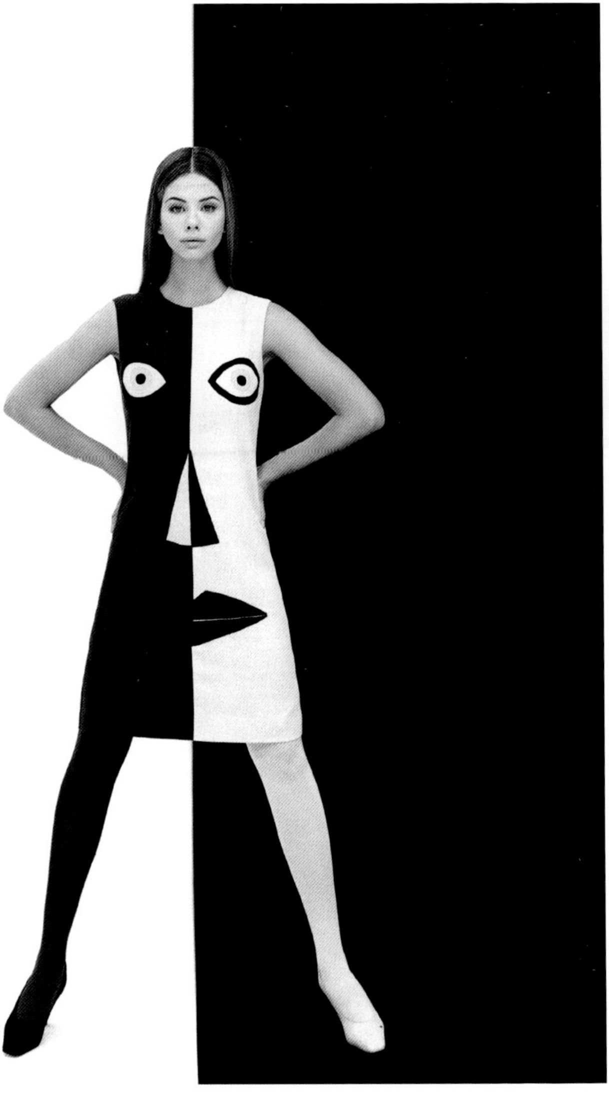

24. Inspiración Picasso. Barcelona, 1995

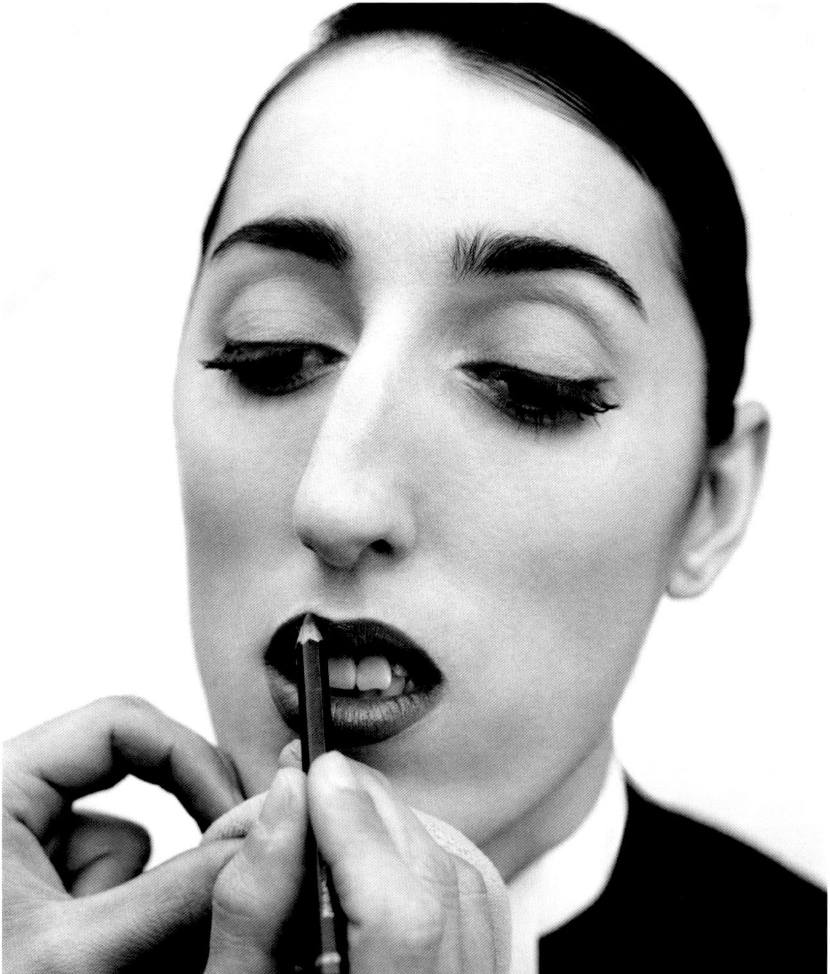

25. Rossy de Palma. Barcelona, 1994

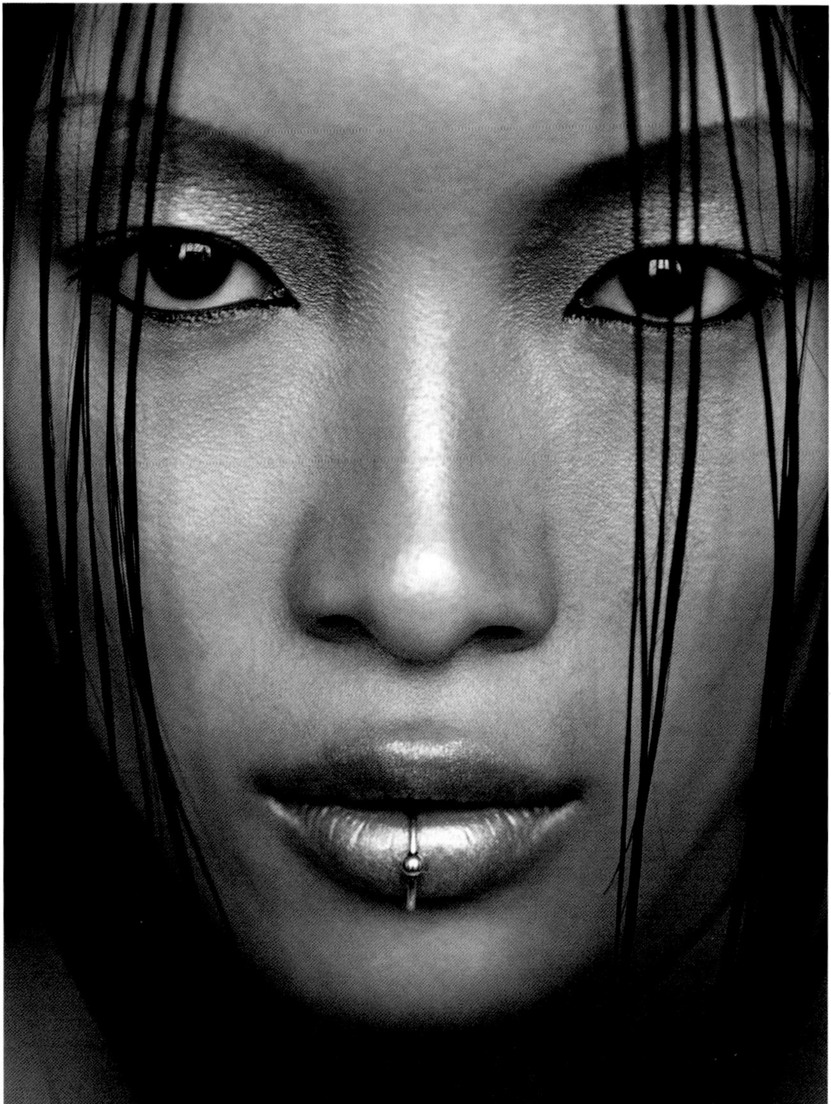

26. Ling Tang. Chinatown, Nueva York, 1998

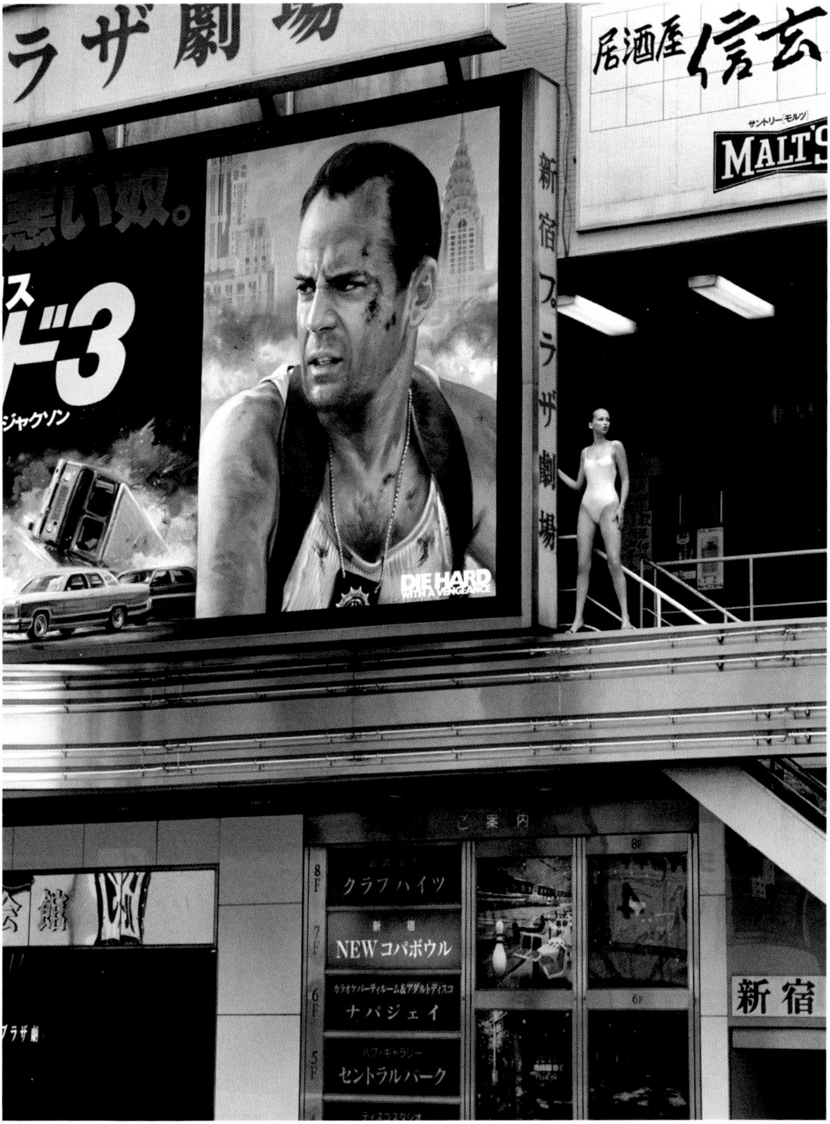

27. Icottle, Tokio, 1995

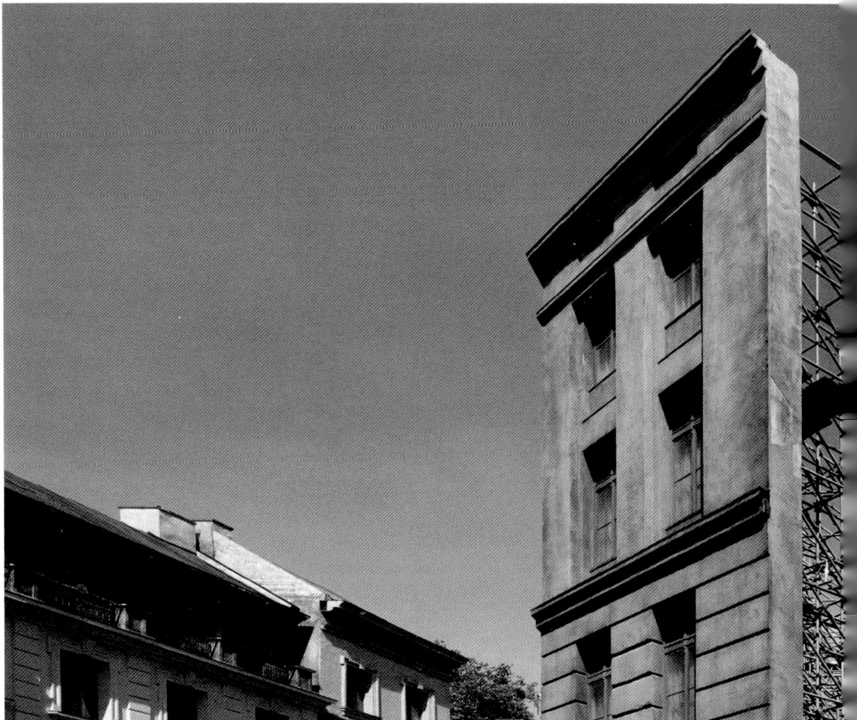

28. Babelsberg Studios. Berlín, 2008

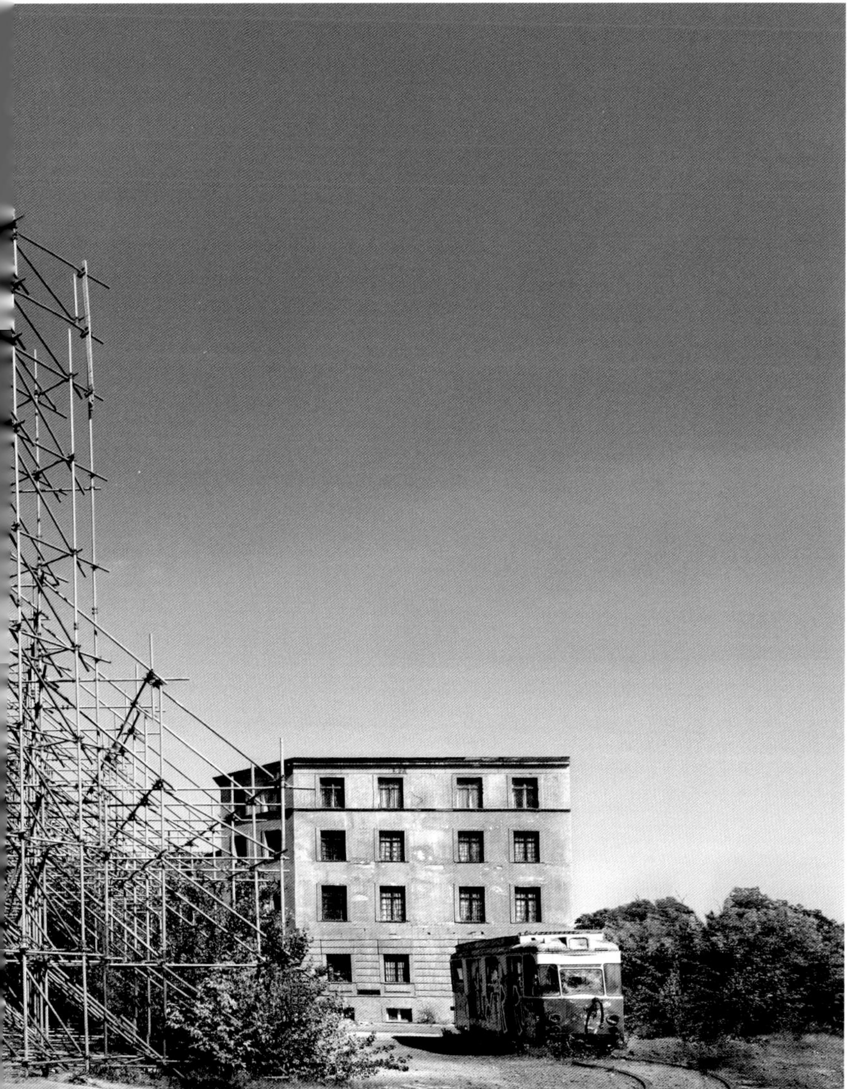

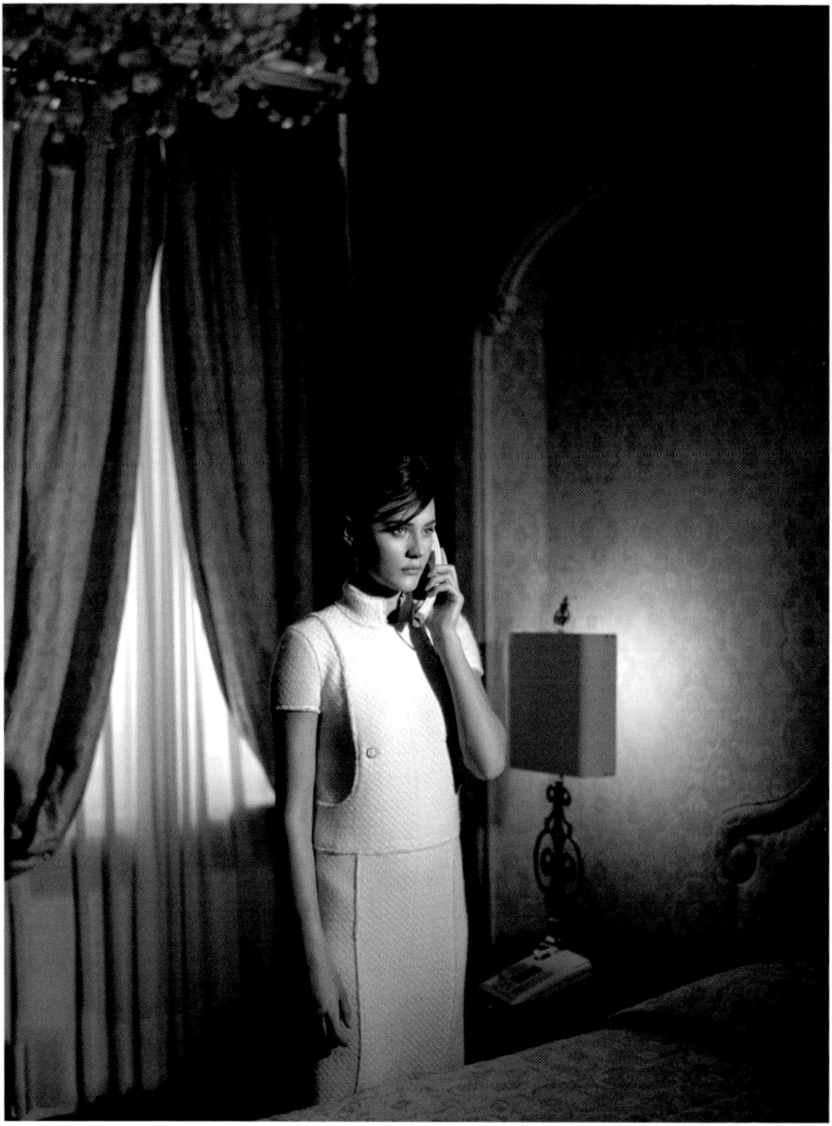

29. Zrinka. Treviso, Italia, 2004

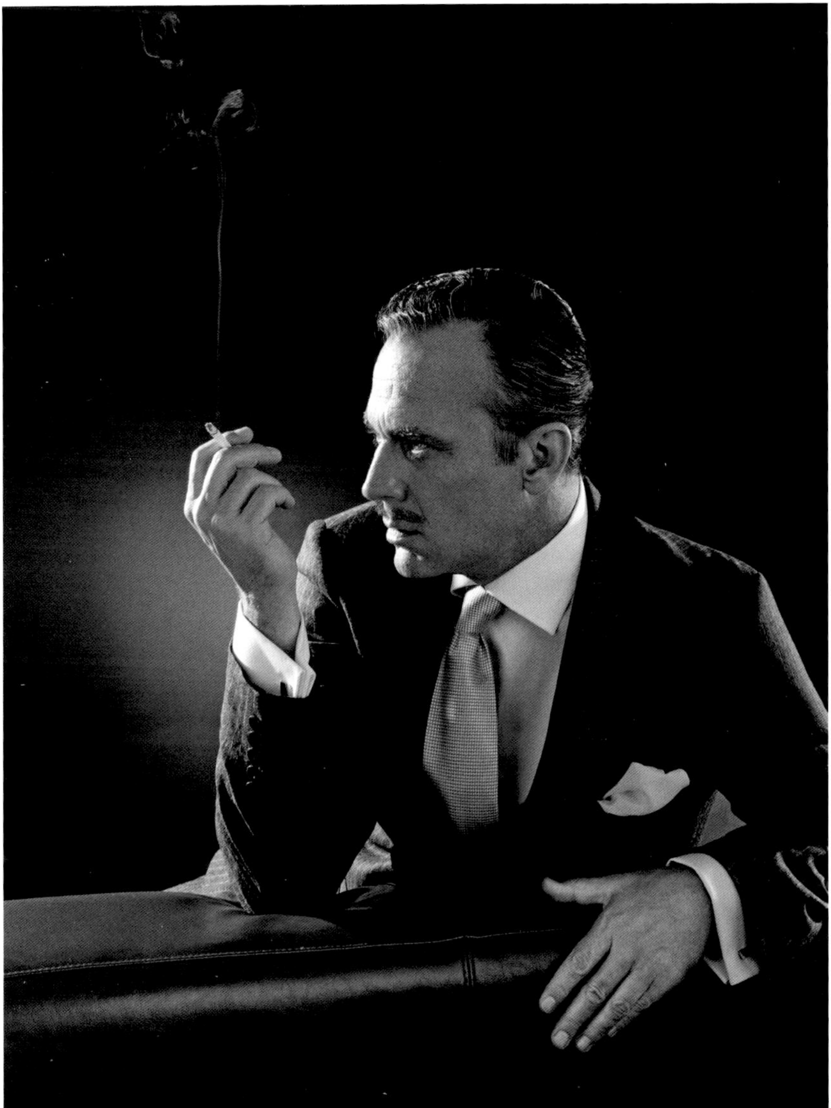

30. José Coronado. Madrid, 2011

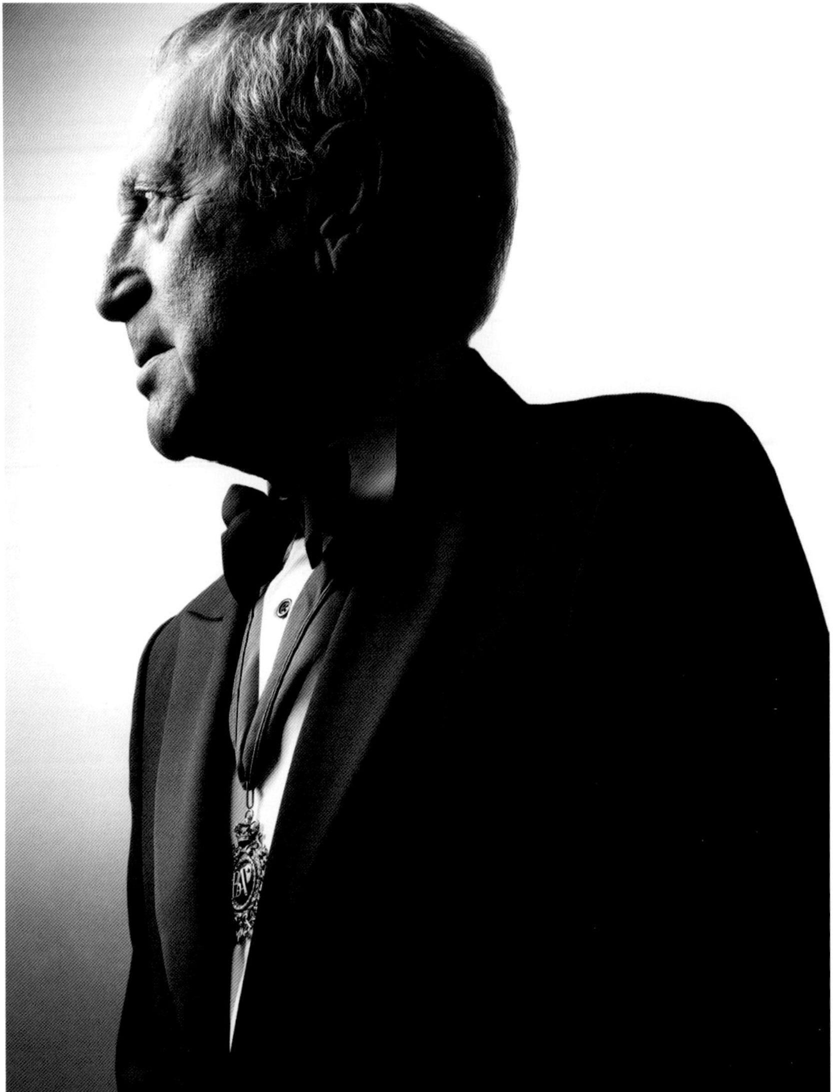

31. Elio Berhanyer. Madrid, 2011

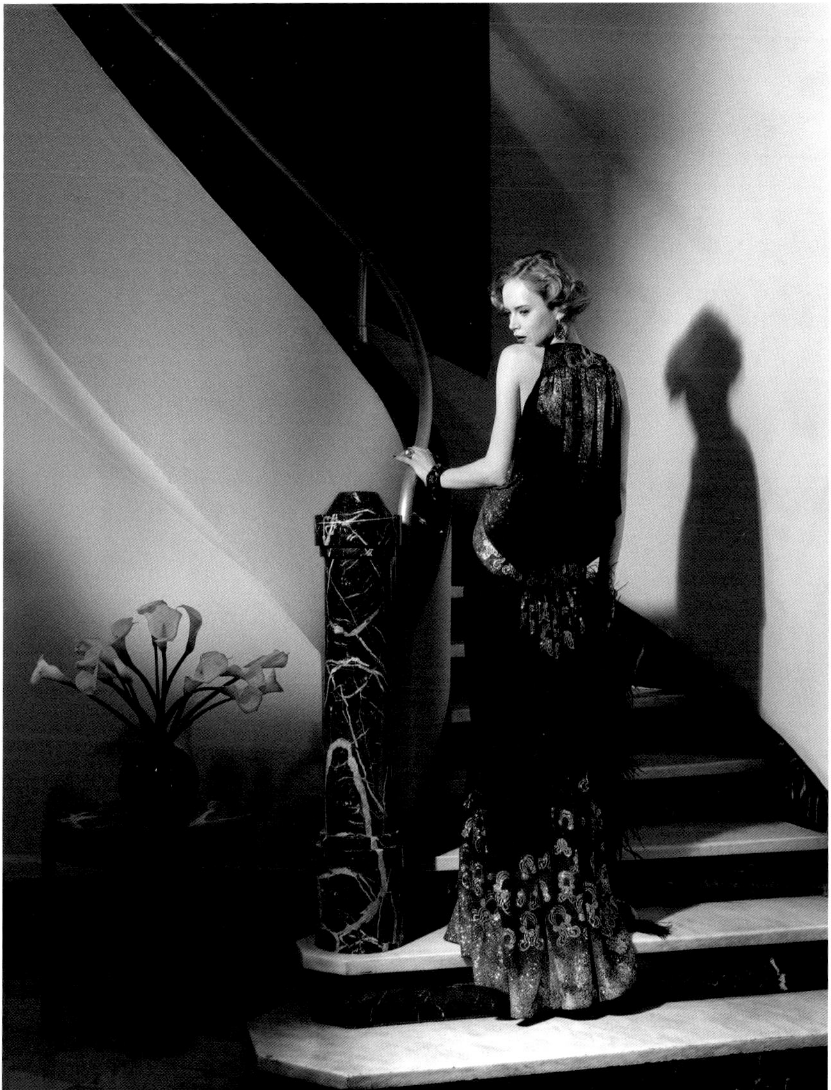

32. Iza Olak, Barcelona, 2012

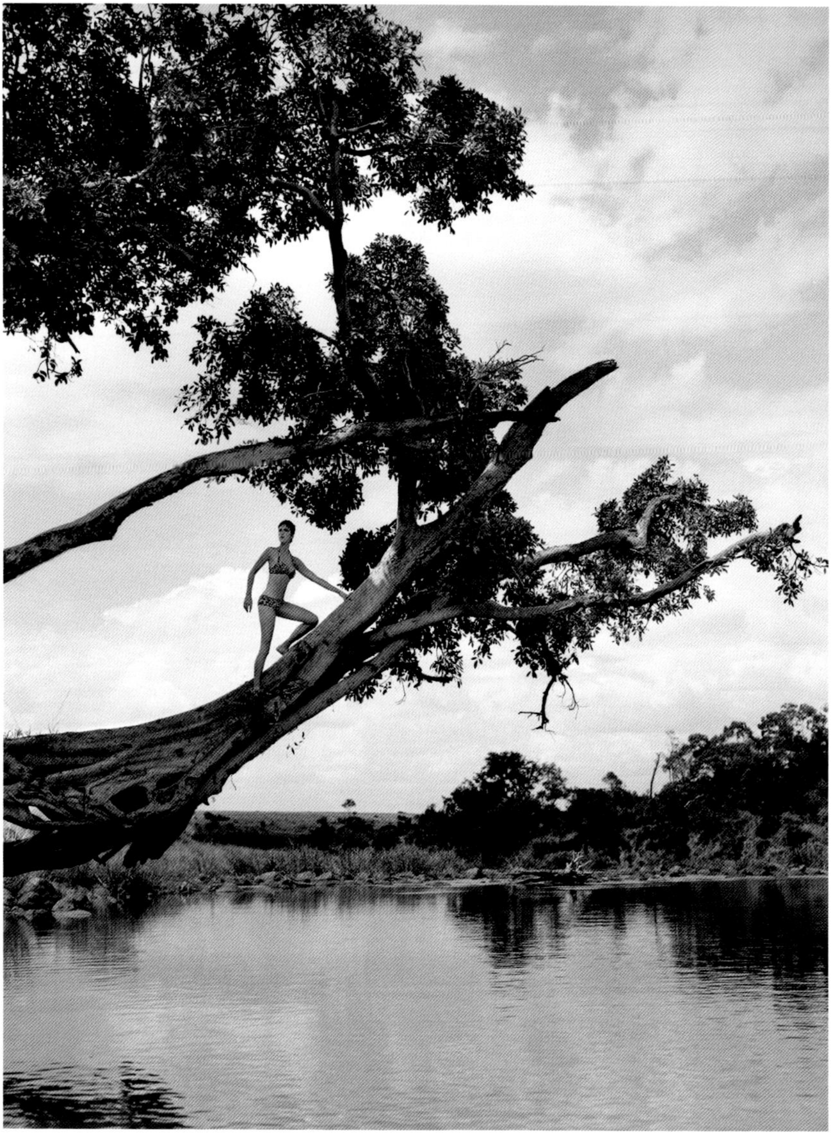

33. Masai Mara. Kenia, 1997

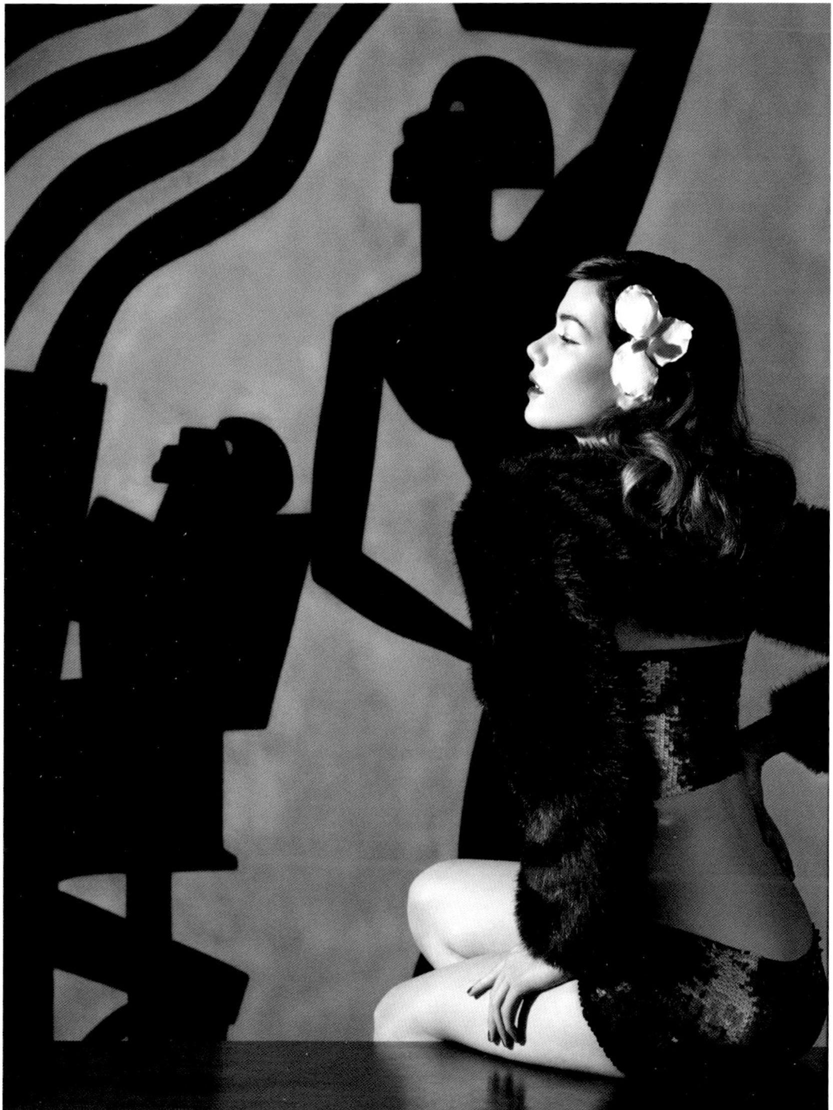

34. Sheila Márquez, Jazz Club. Barcelona, 2011

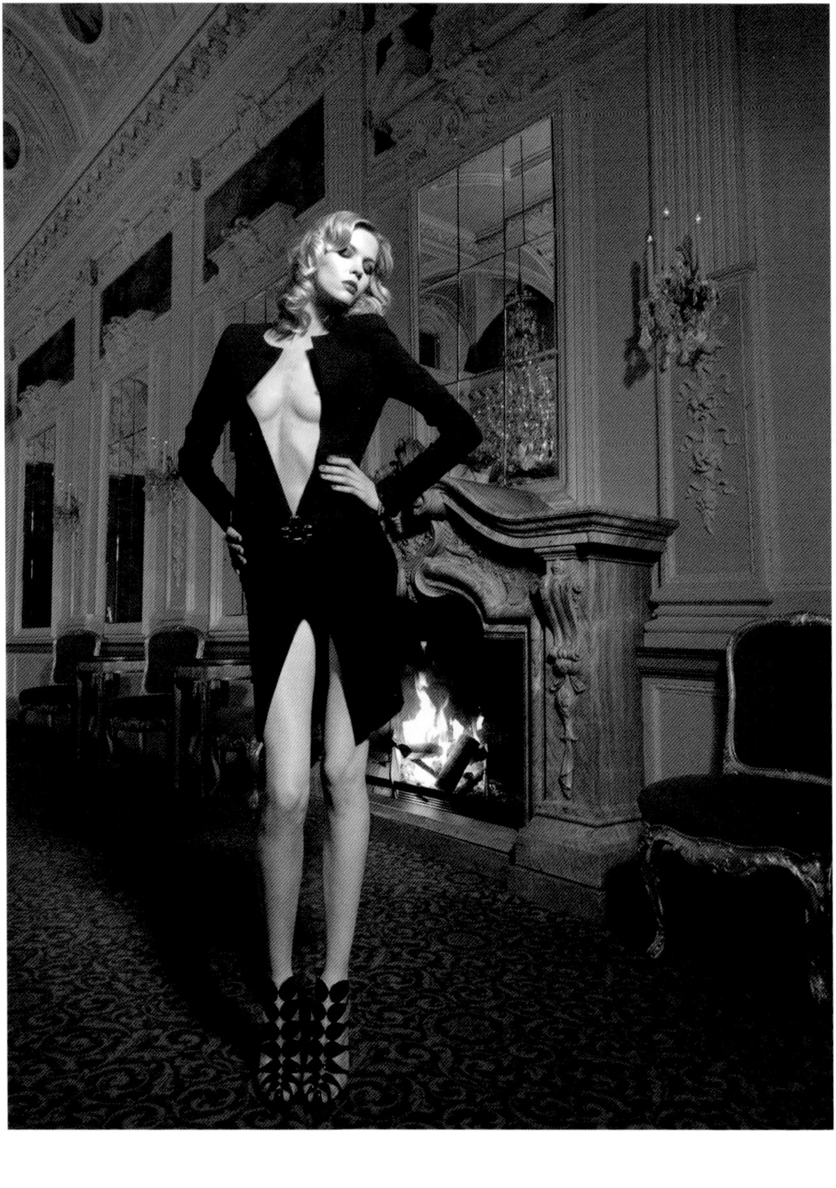

35. Michelle Westgeest. Grand Hotel Europa, Innsbruck, 2009

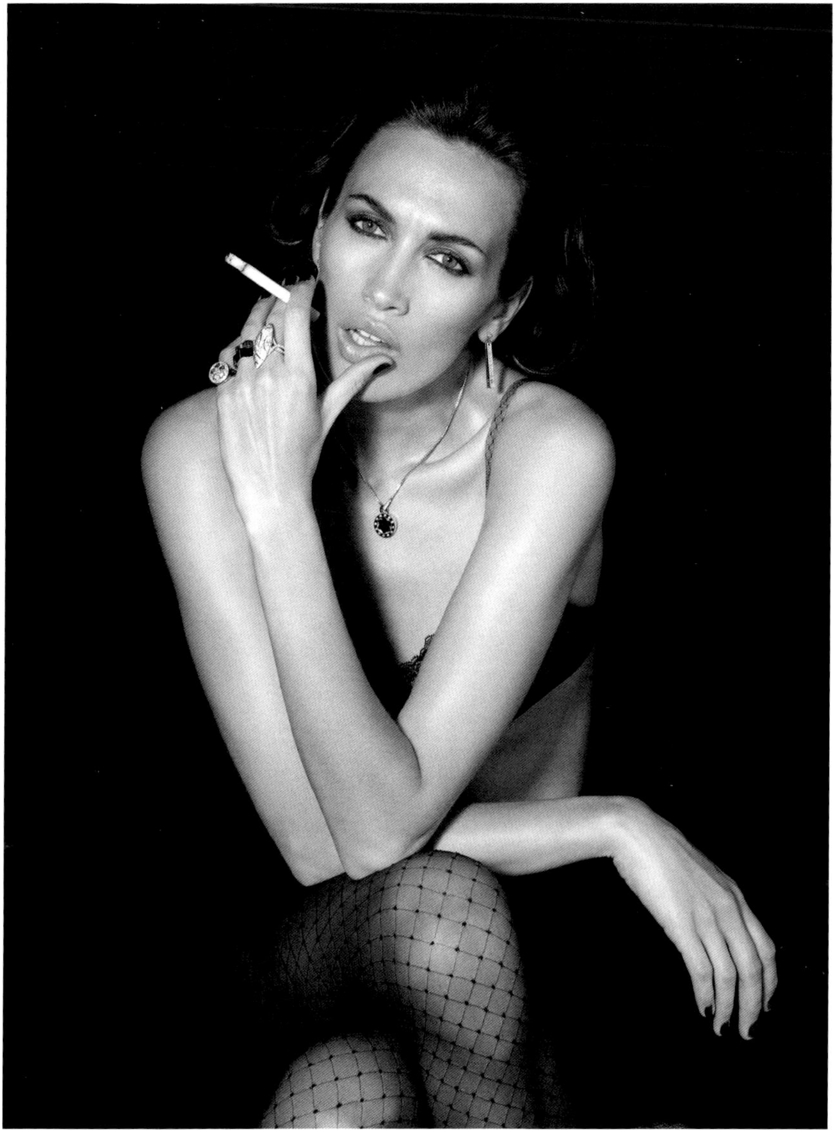

36. Nieves Álvarez. Madrid, 2010

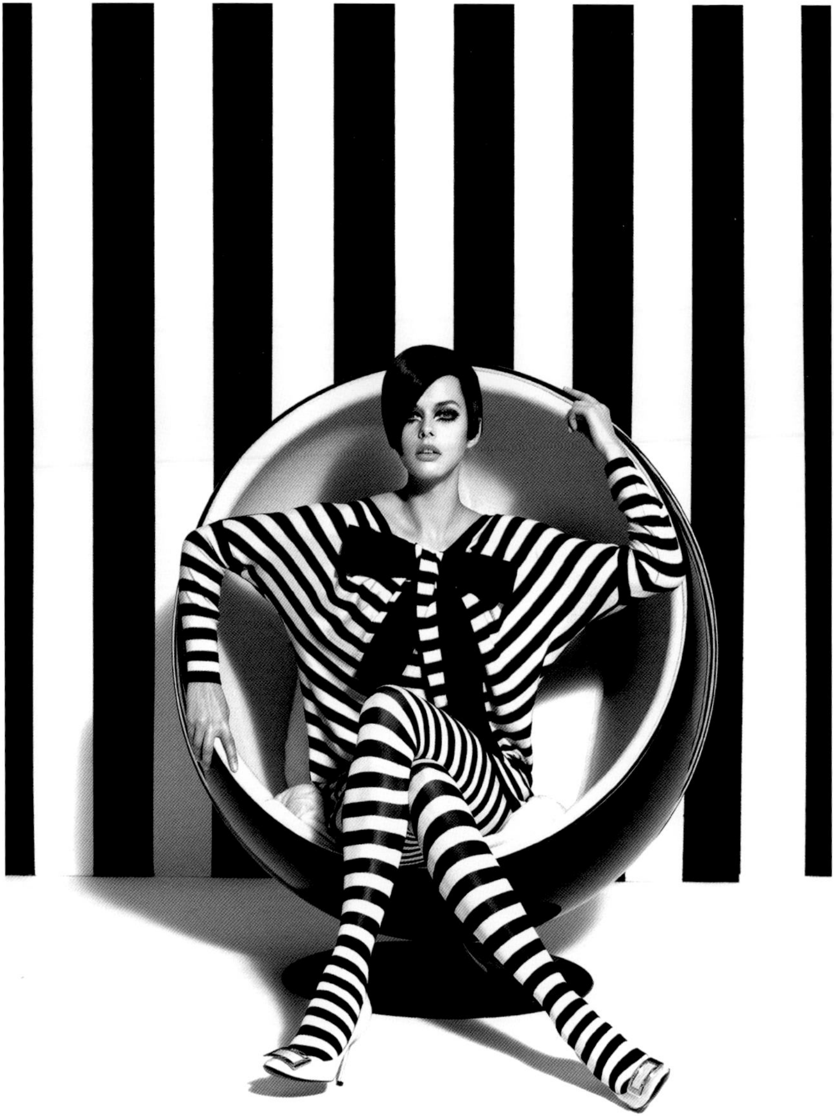

37. Kat. Barcelona, 2007

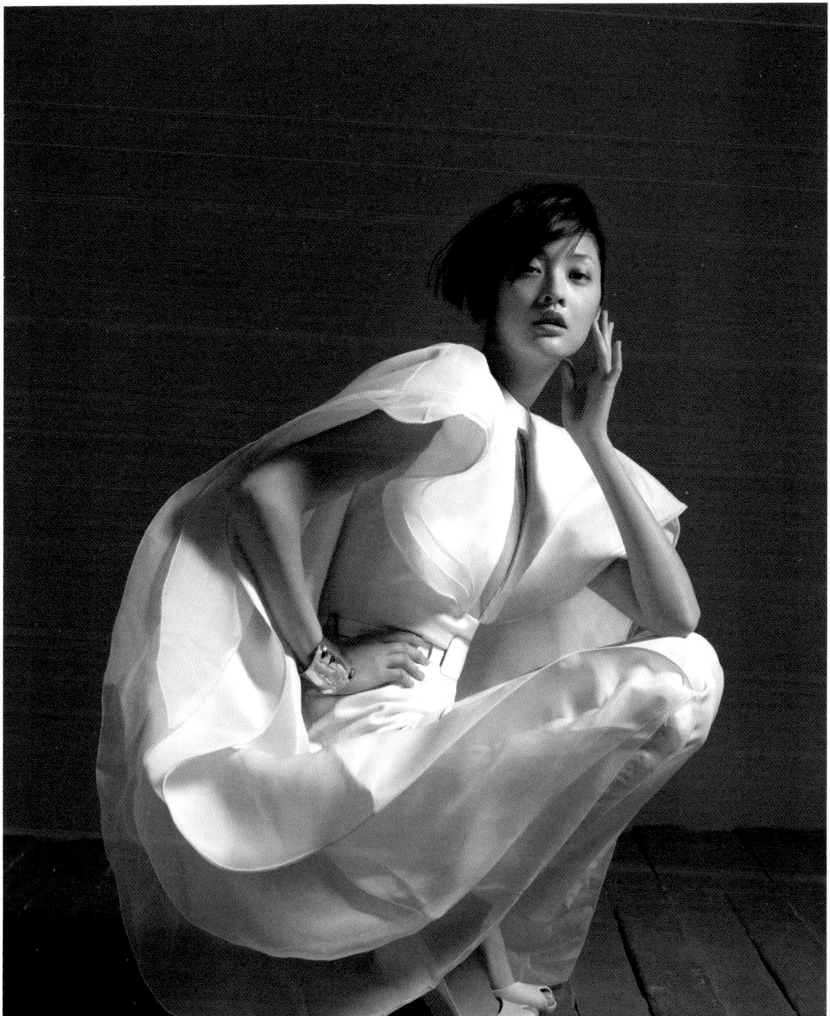

38. Hilda Lee. Barcelona, 2014

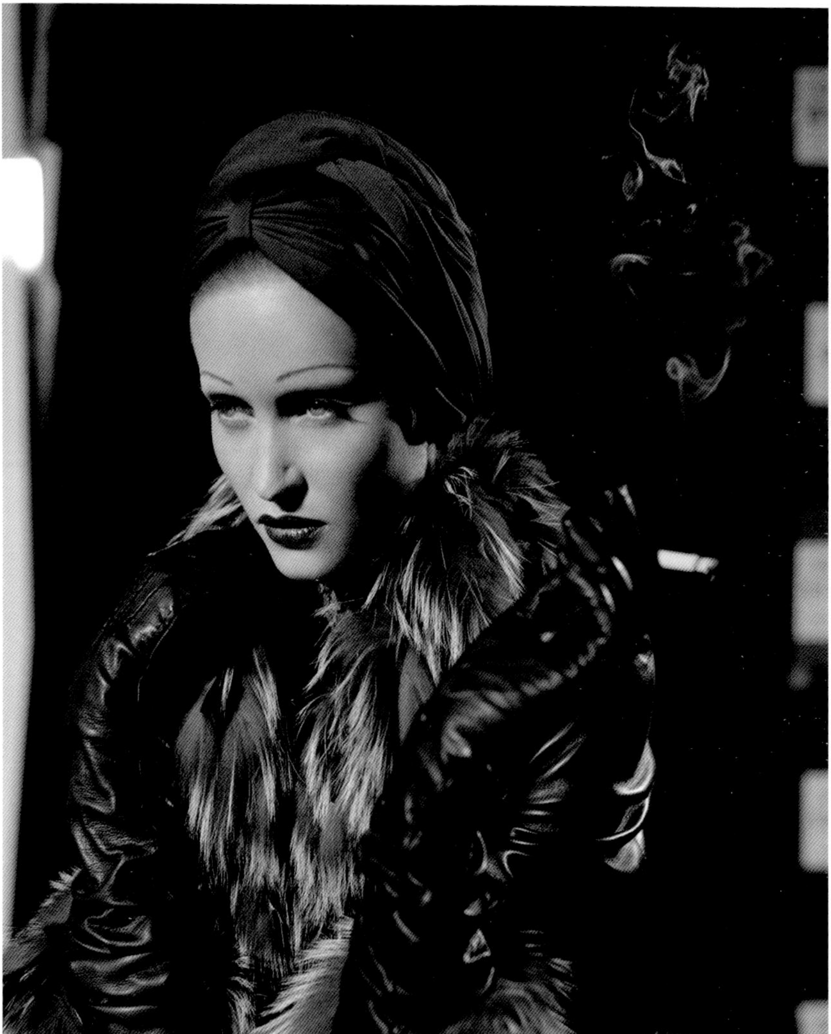

39. Winter Lunde. Barcelona, 2004

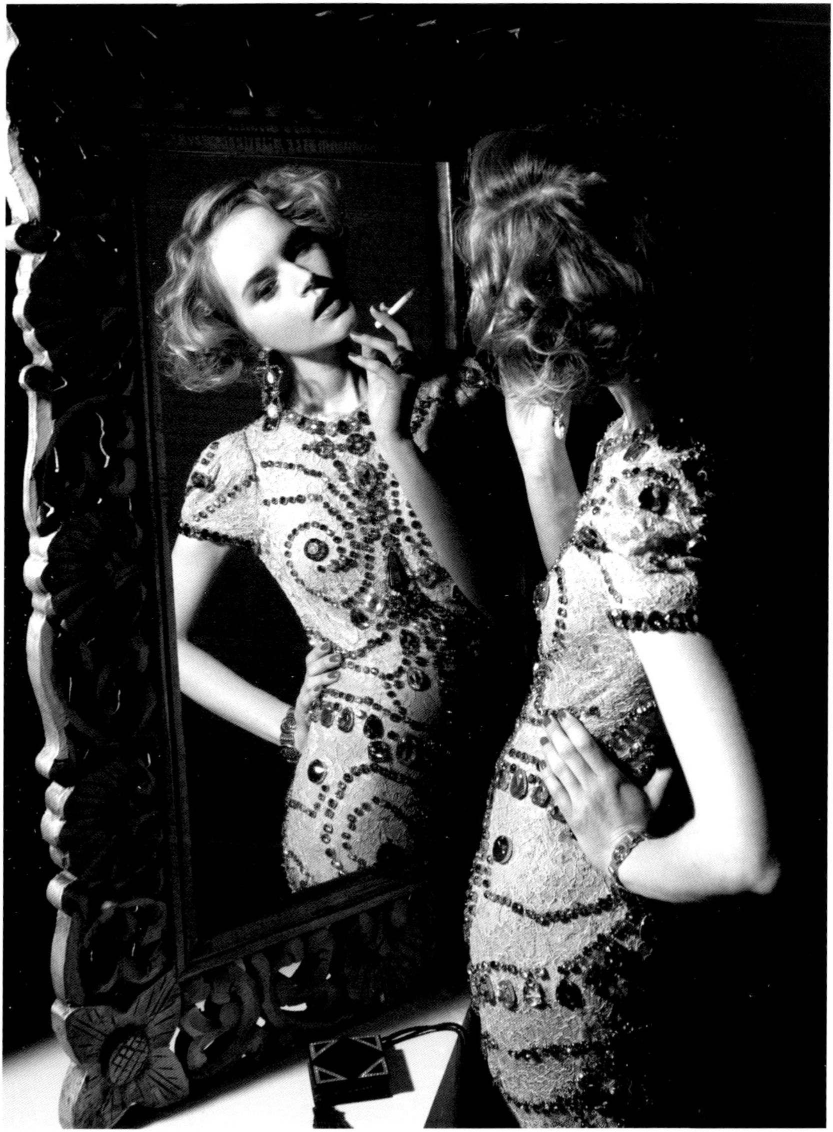

40. Izah Olak. Barcelona, 2012

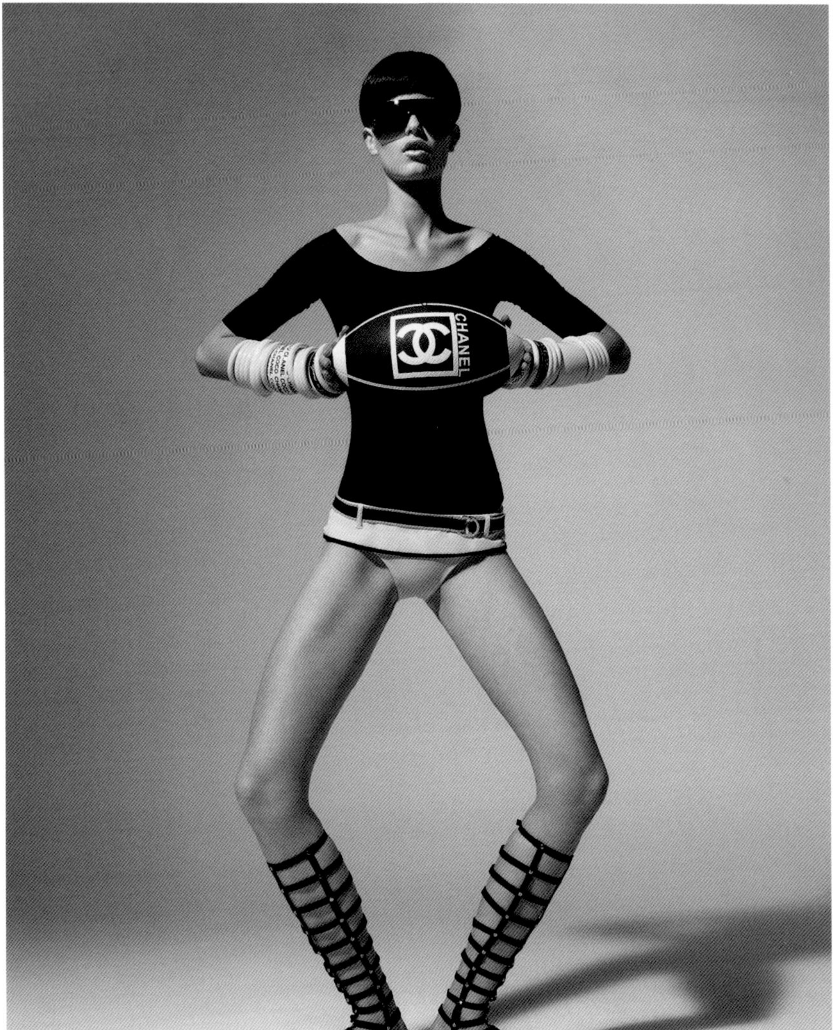

41. Barbora Holotova. Barcelona, 2007

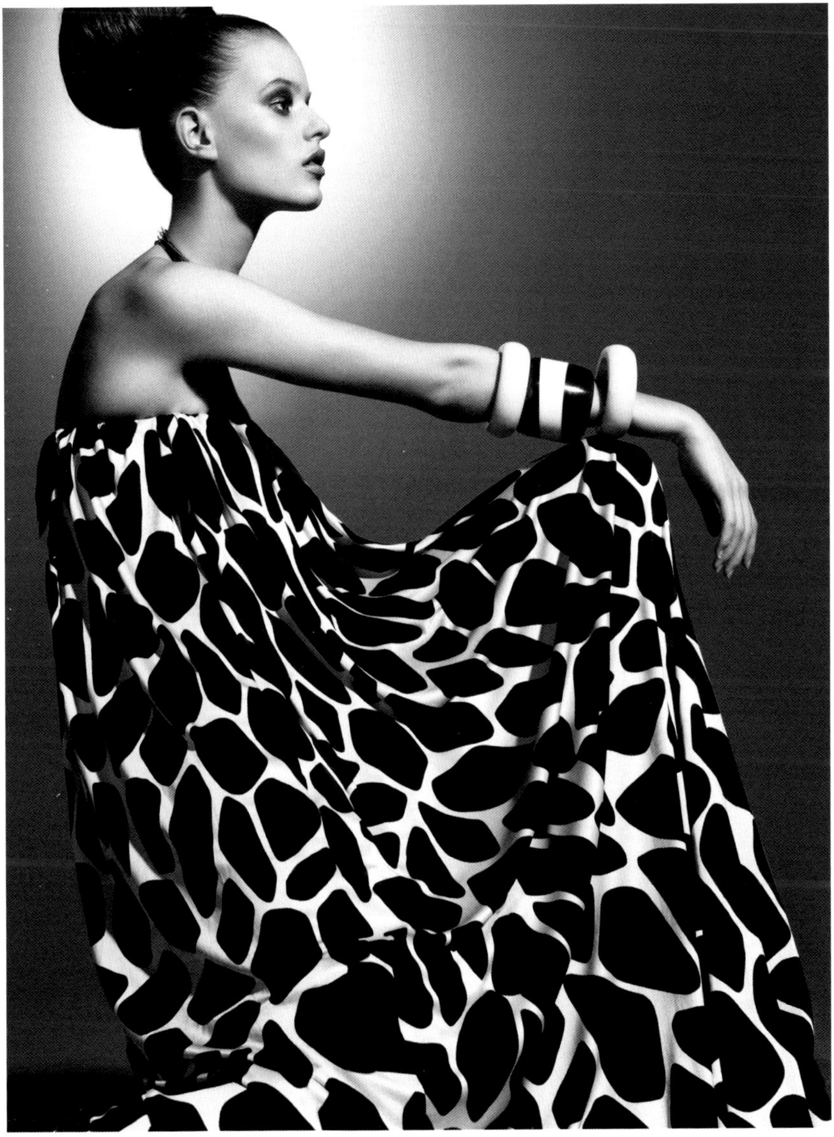

42. Animal Print. Barcelona, 2007

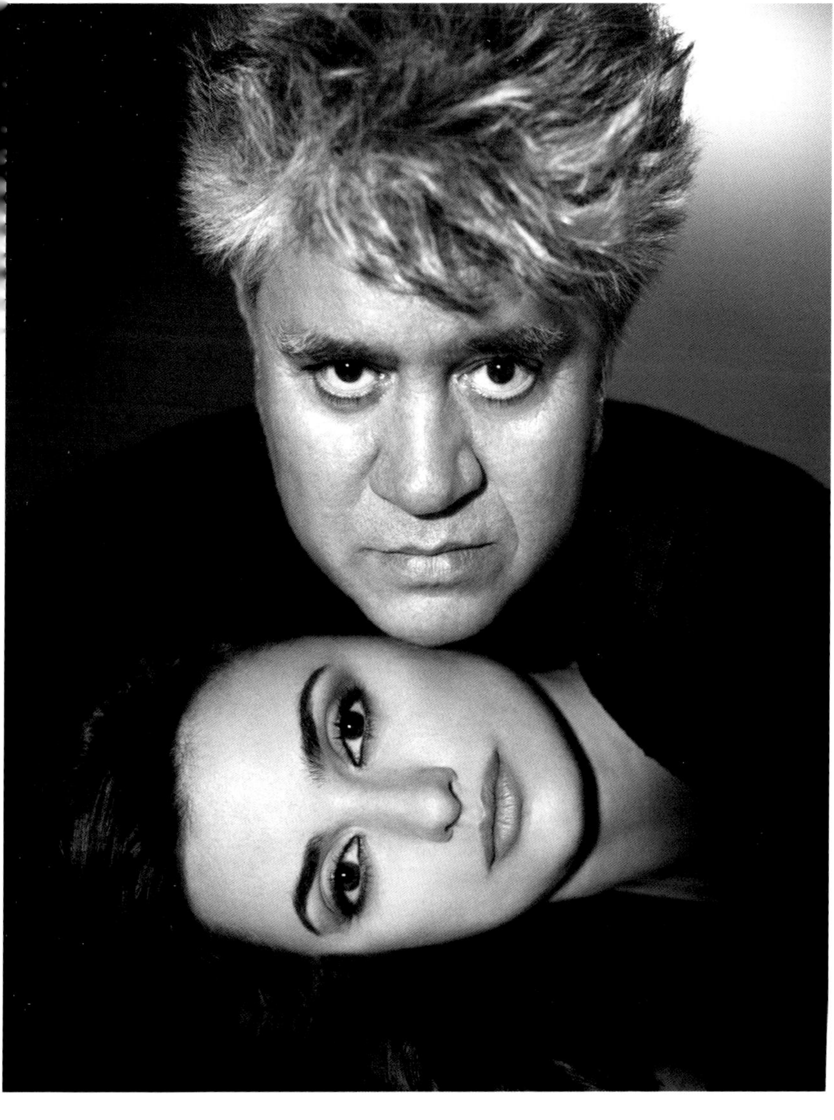

43. Pedro Almodóvar y Penélope Cruz. Madrid, 2006

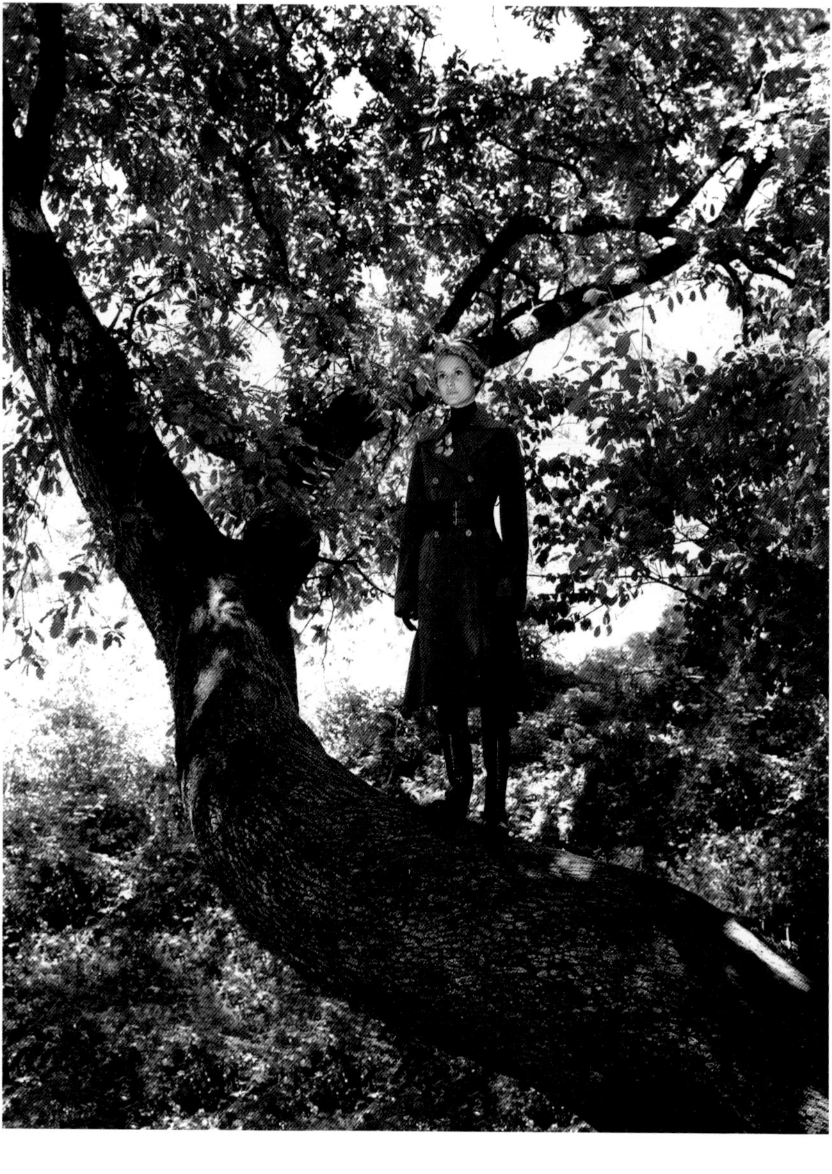

44. Vanessa Lorenzo. Collserola, 2007

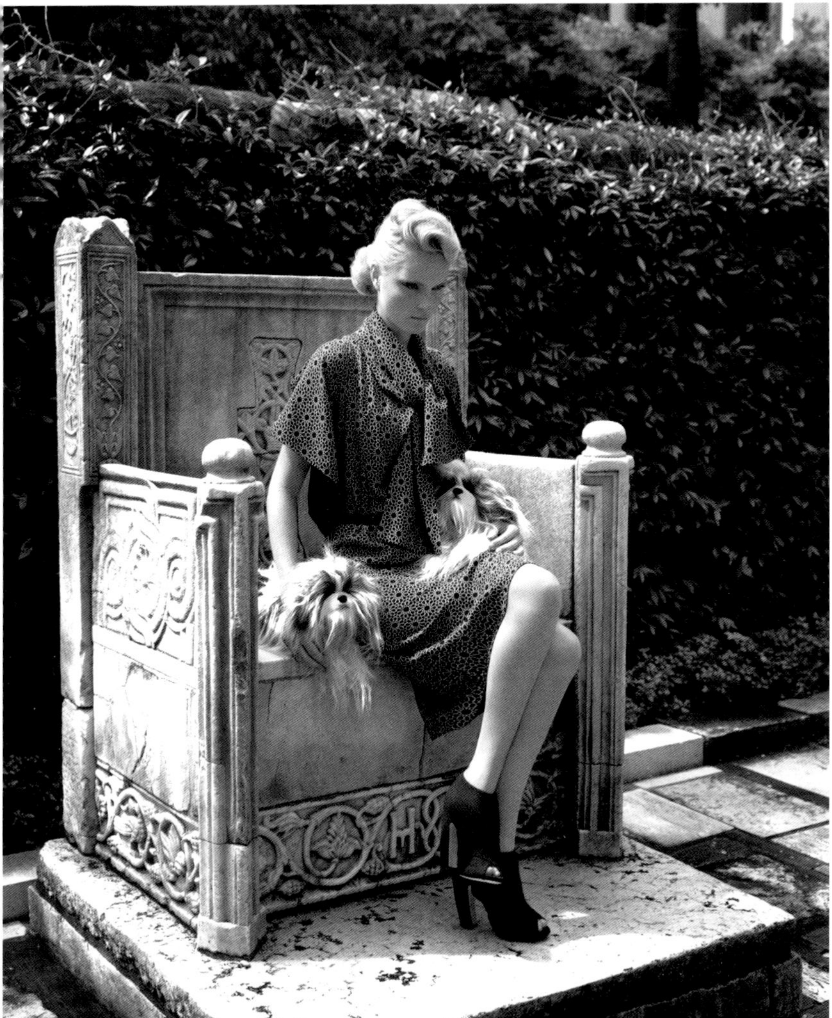

45. Lotte. Venecia, 2011

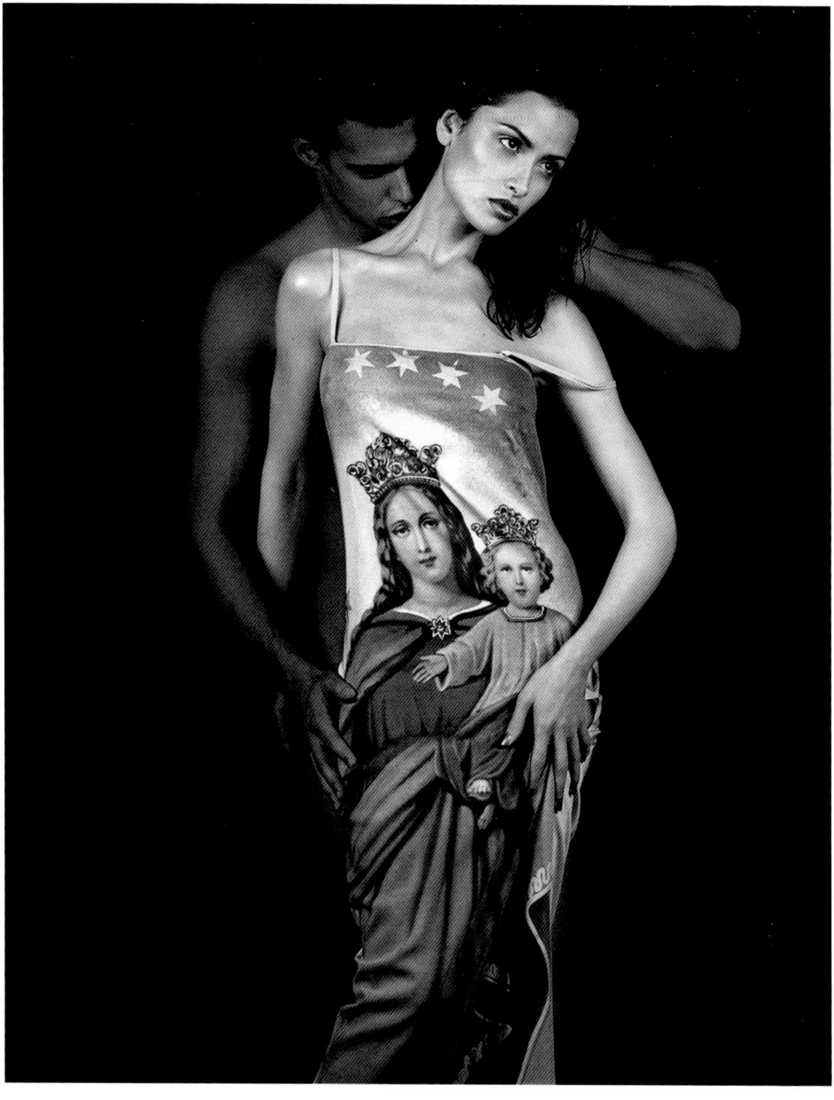

46. Almudena Fernández y Toni. Barcelona, 1998

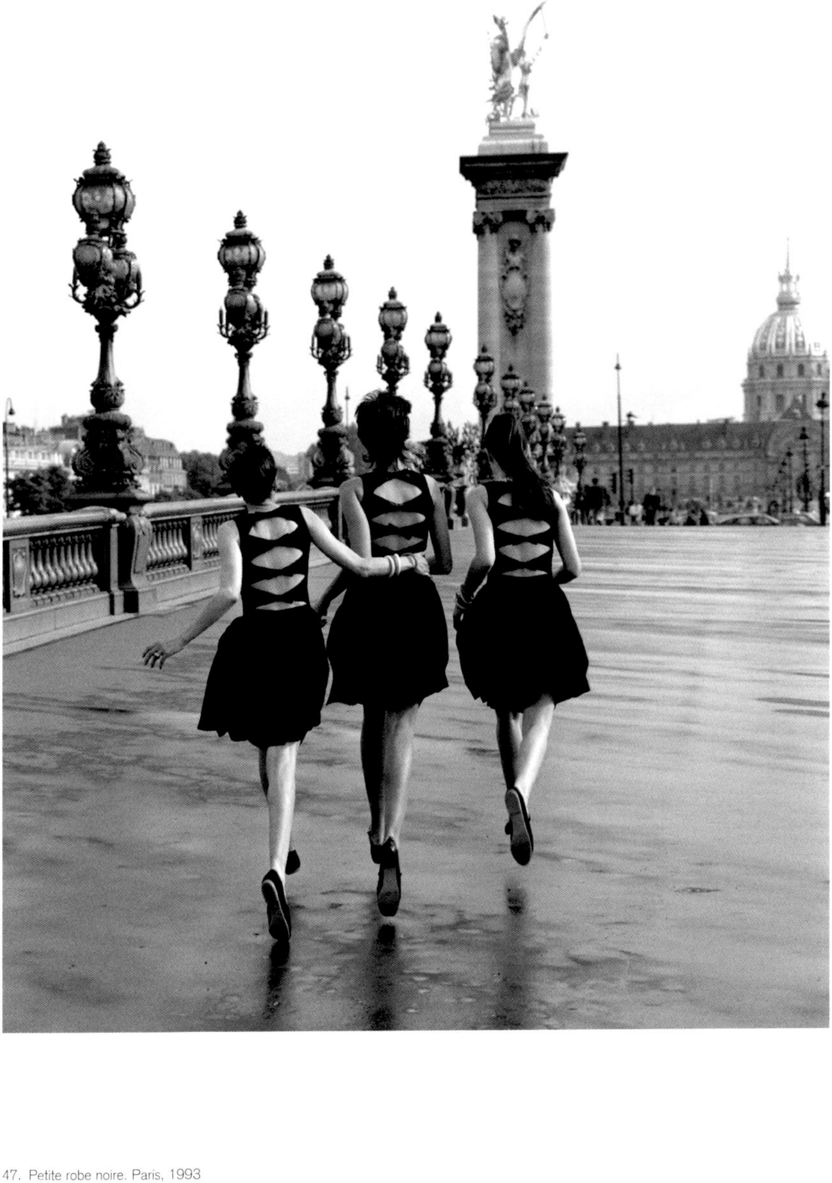

47. Petite robe noire. Paris, 1993

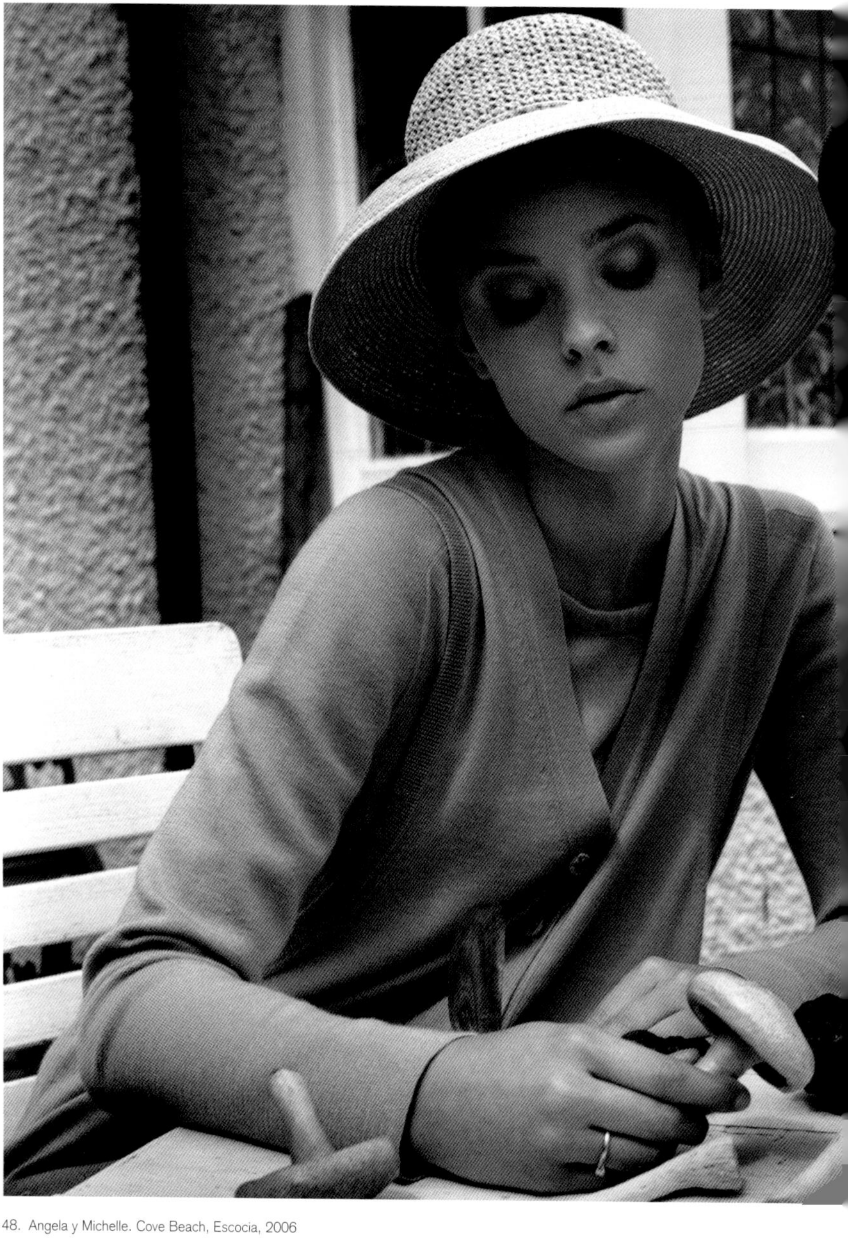

48. Angela y Michelle. Cove Beach, Escocia, 2006

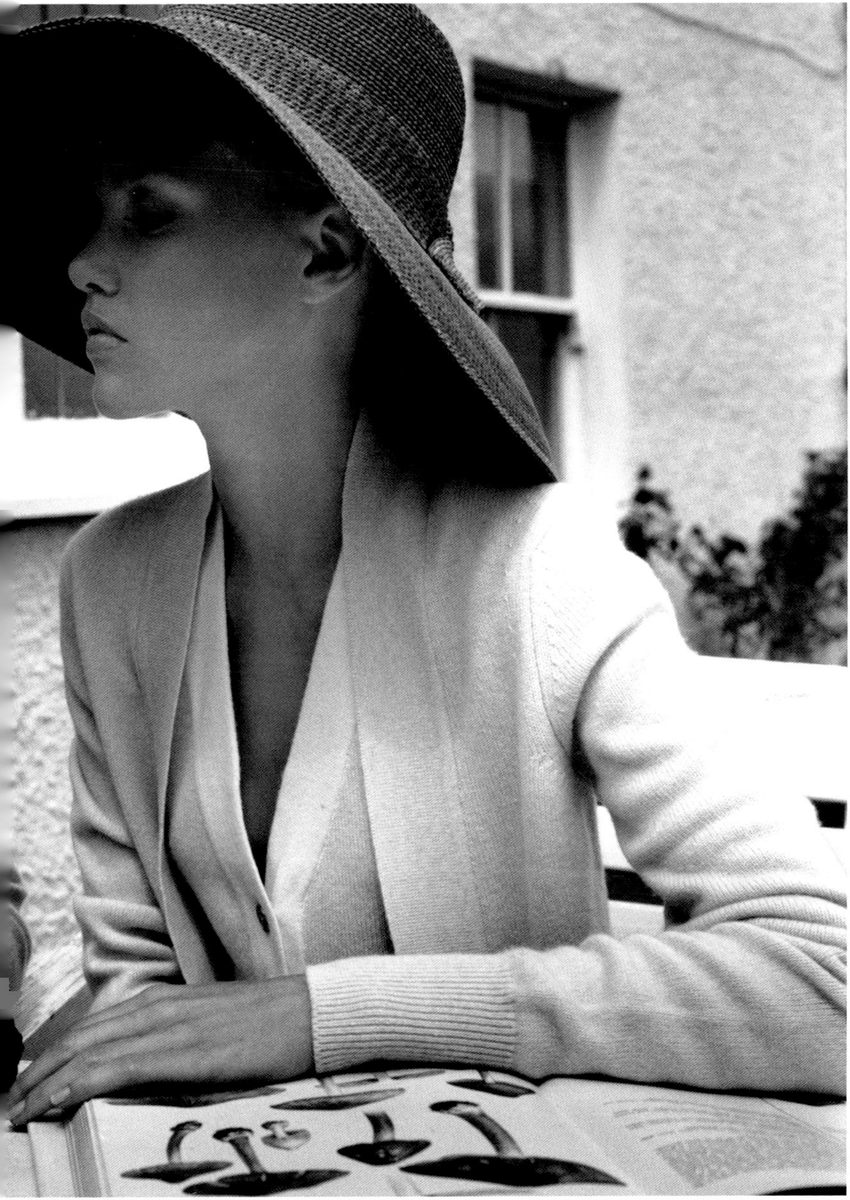

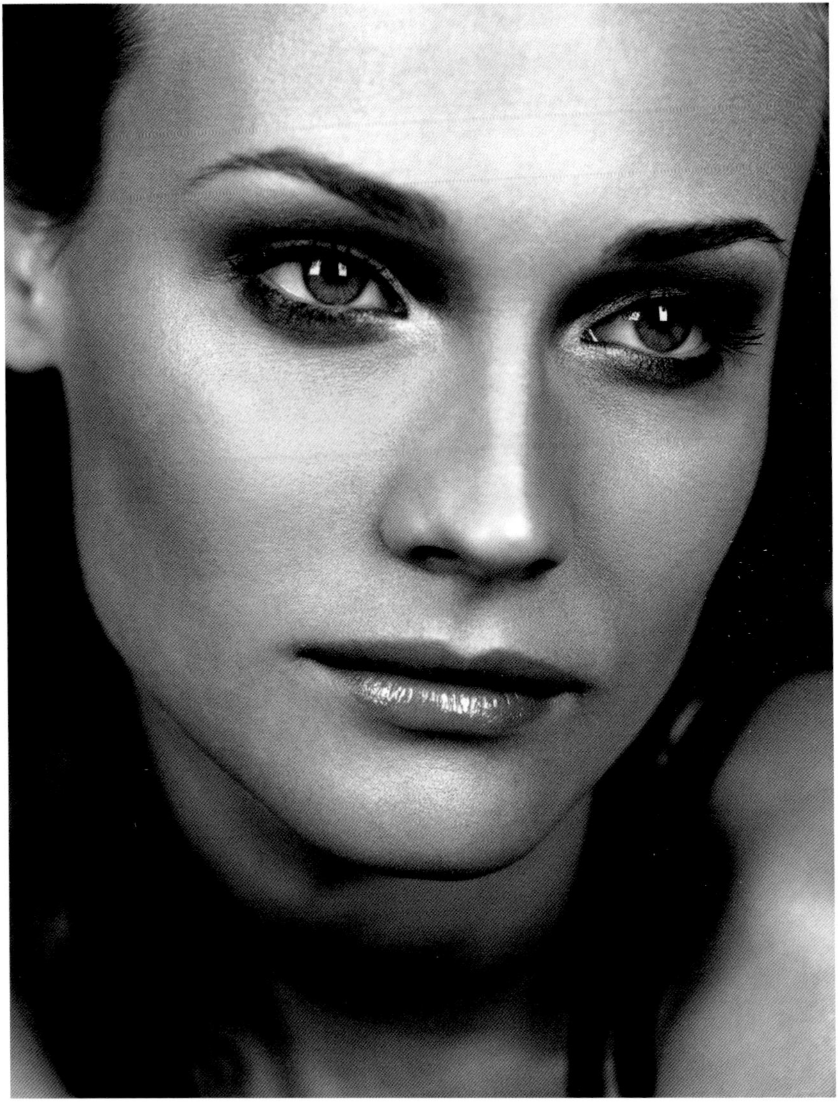

49. Diane Kruger. Barcelona, 1998

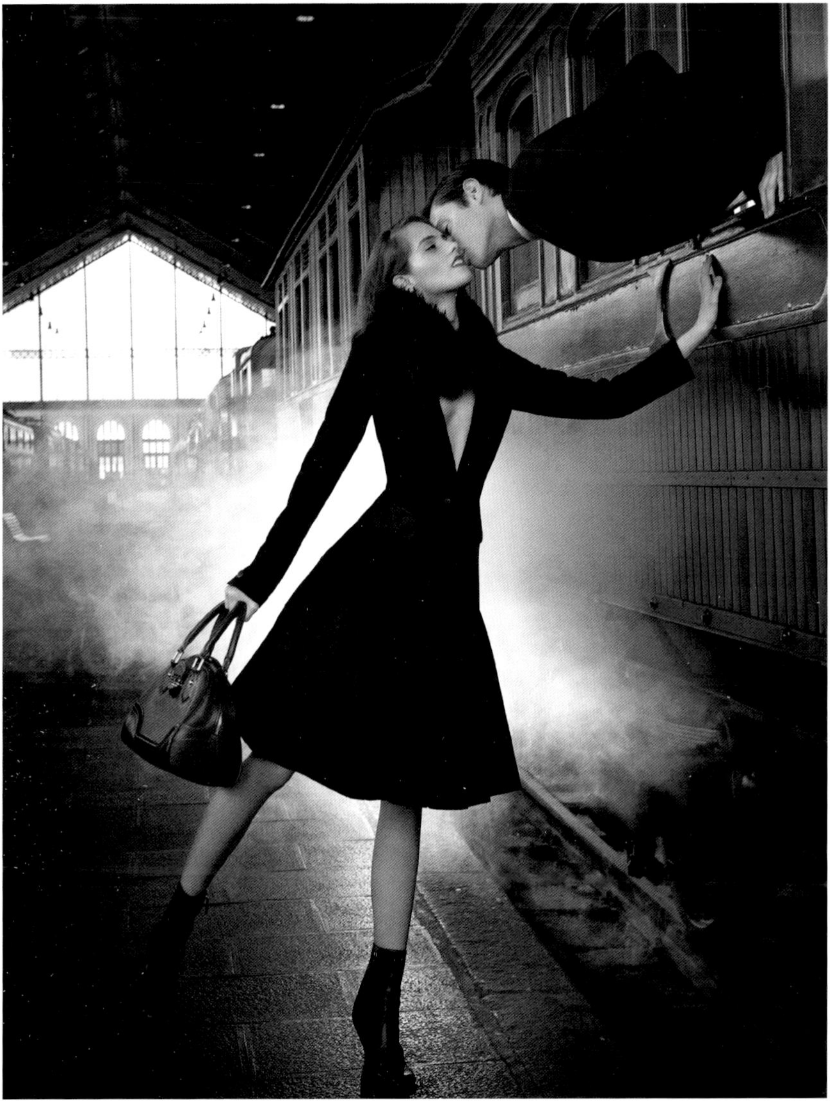

50. Marina Jamieson y Nicolas. Madrid, 2012

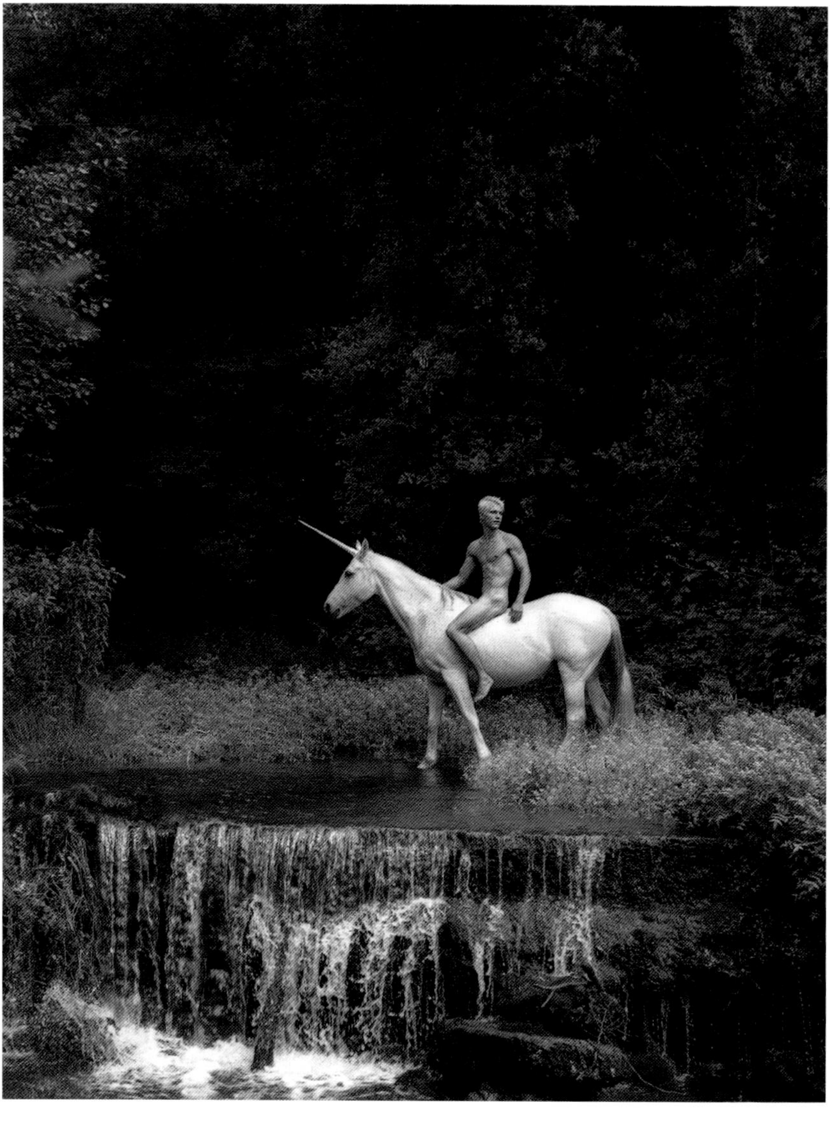

51. Jeremy Boesman. Olot, Girona, 1998

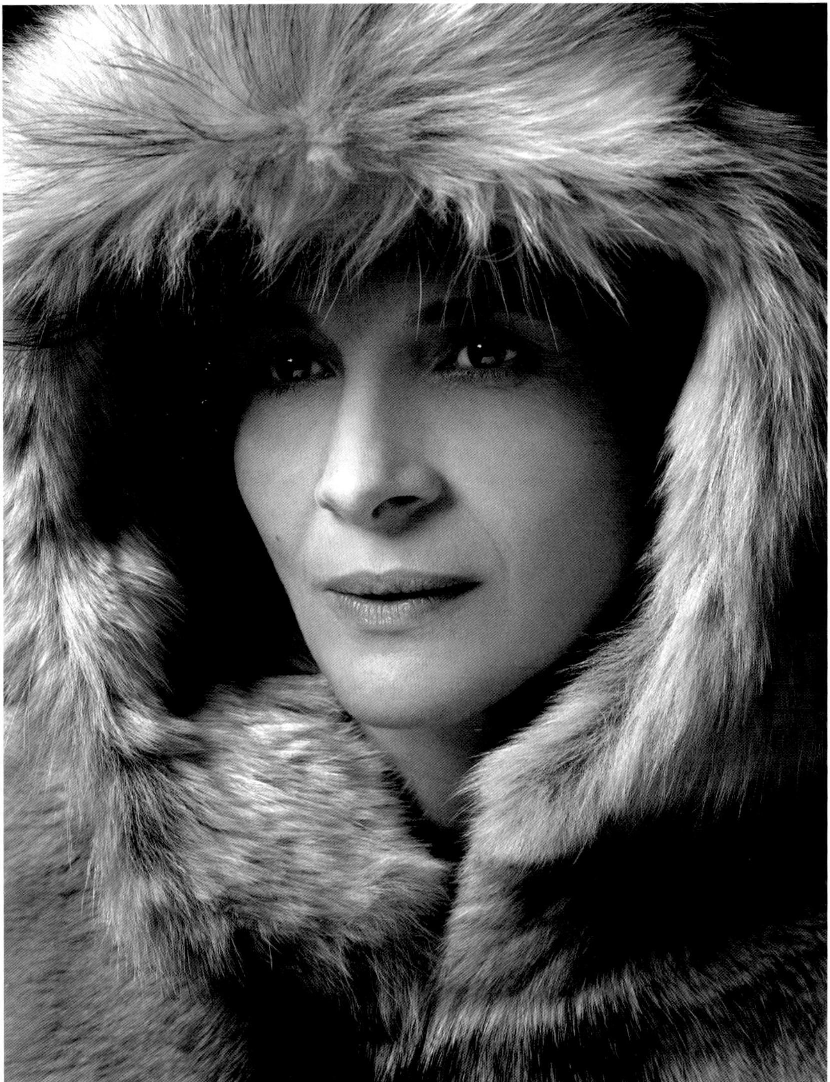

62. Juliette Binoche. Tenerife, 2014

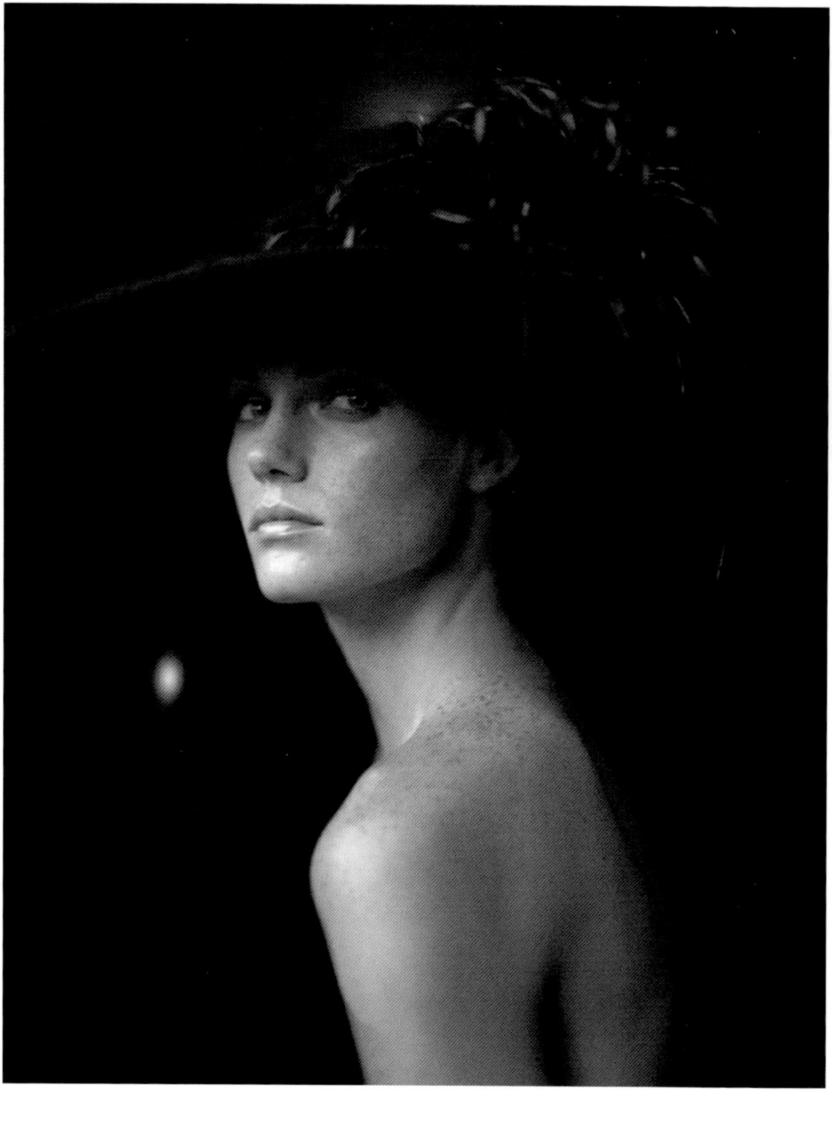

53. Mimi Anden. Edimburgo, 2002

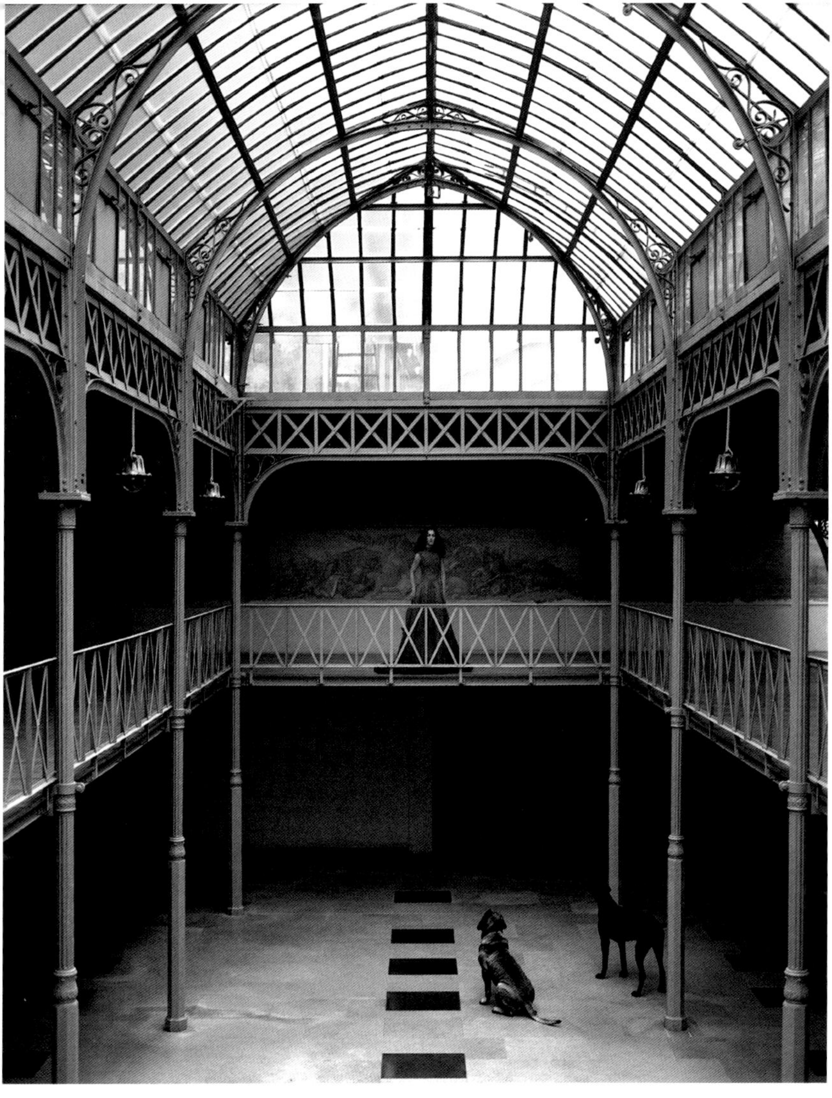

54. Rosario Flores, París, 1999

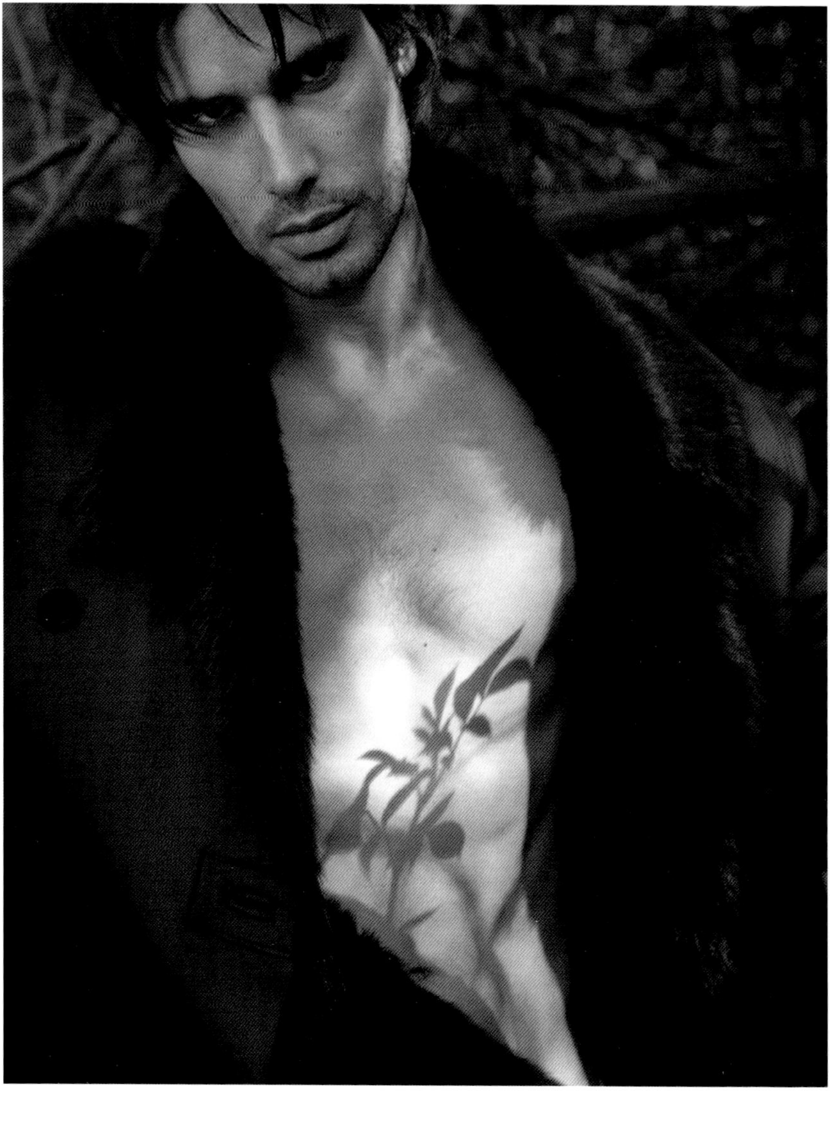

55. Cameron. Vallvidrera, 2001

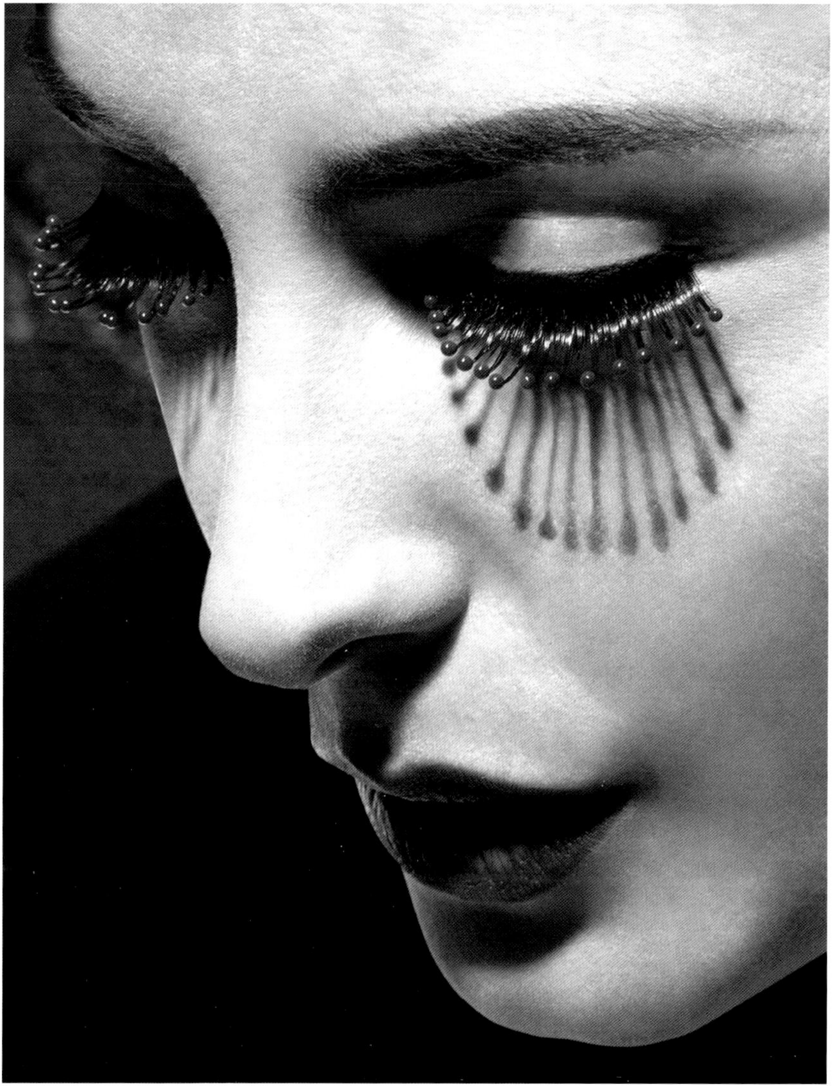

56. Bárbara Lennie. Madrid, 2008

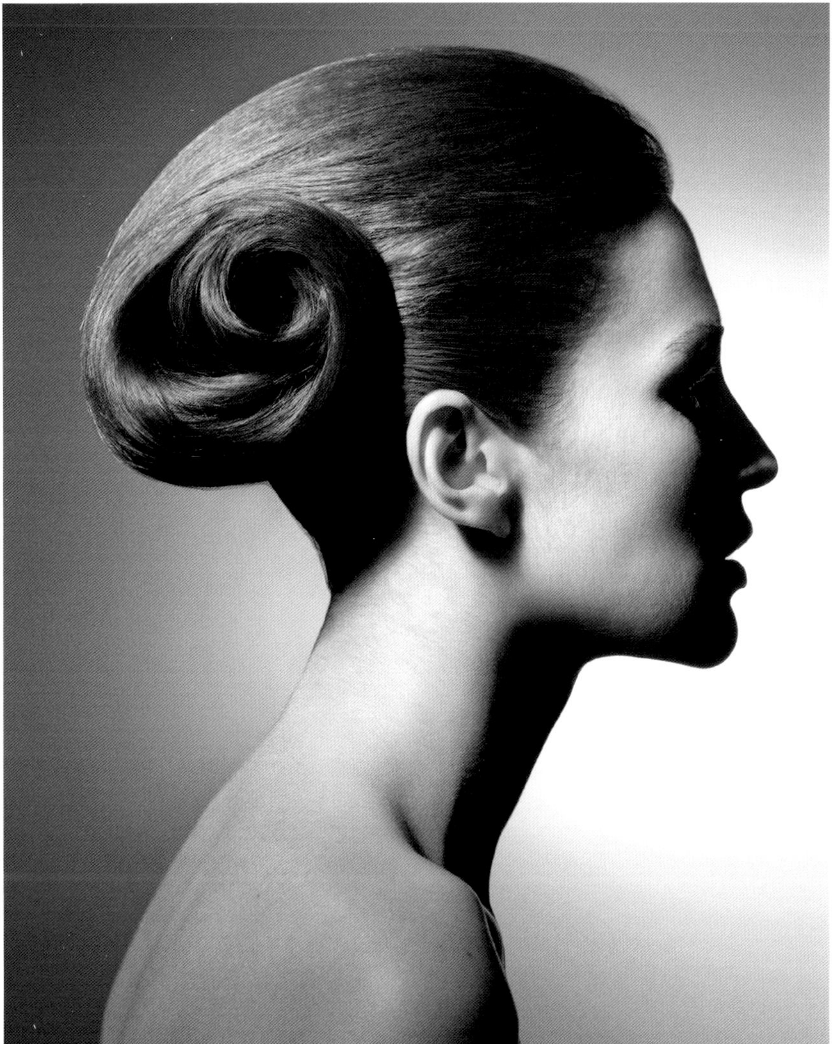

57. Paula Echevarría. Madrid, 2007

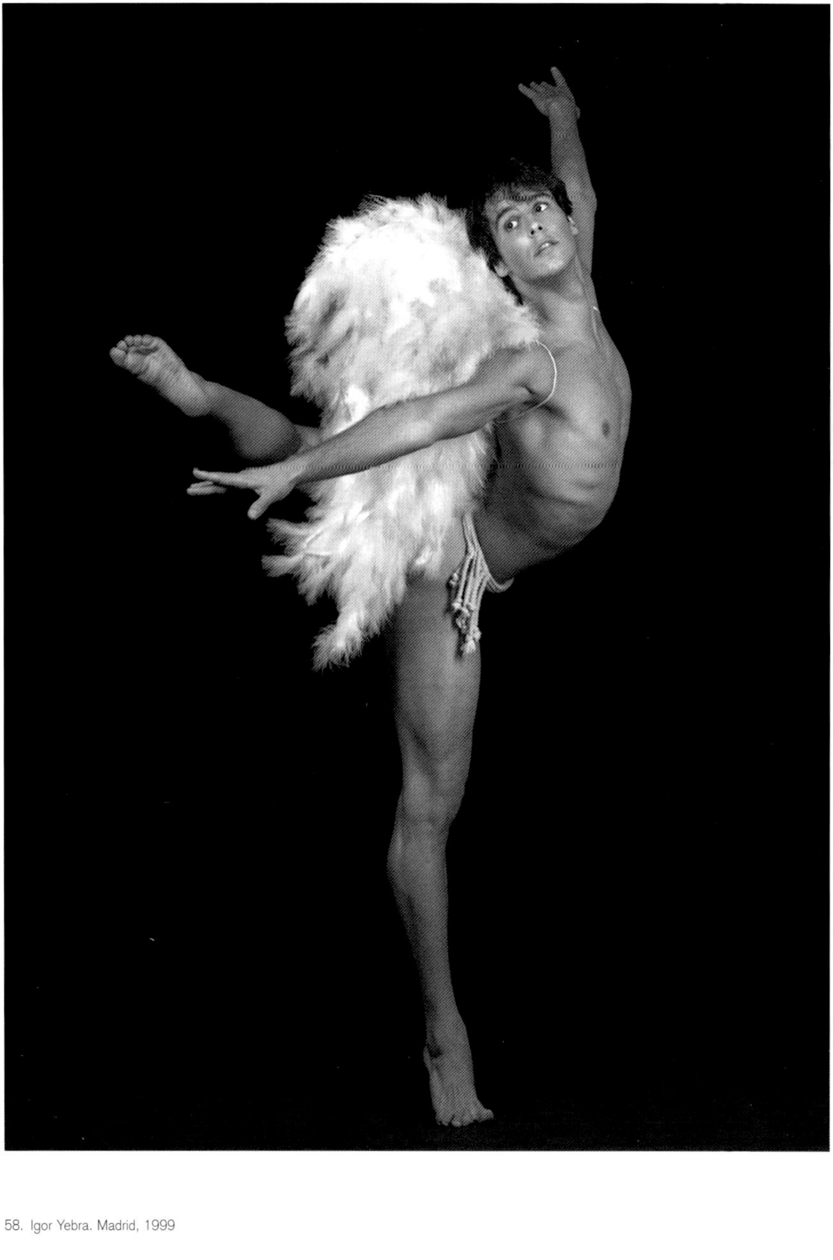

58. Igor Yebra. Madrid, 1999

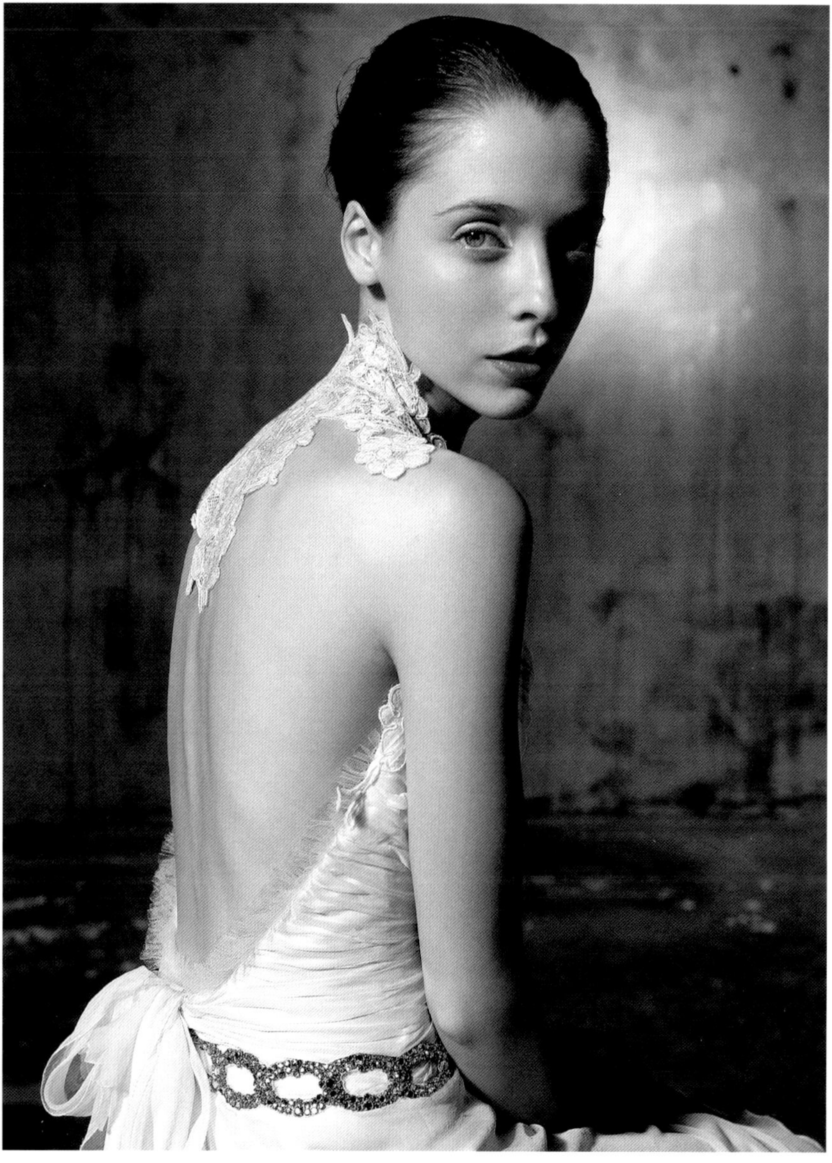

59. Leticia Dolera. Barcelona, 2006

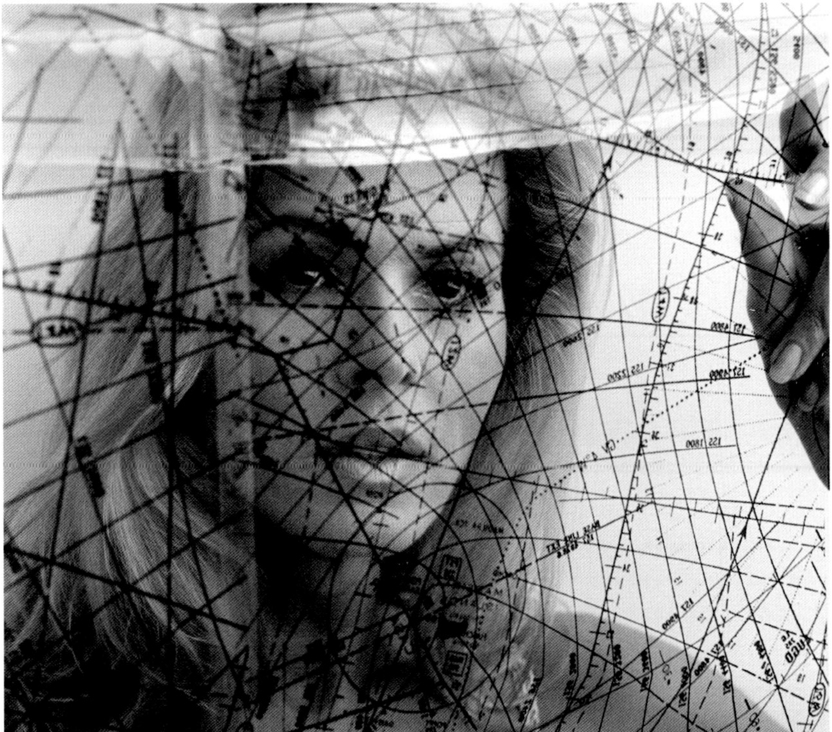

60. Bibiana Fernández. Cardona, Barcelona, 1994

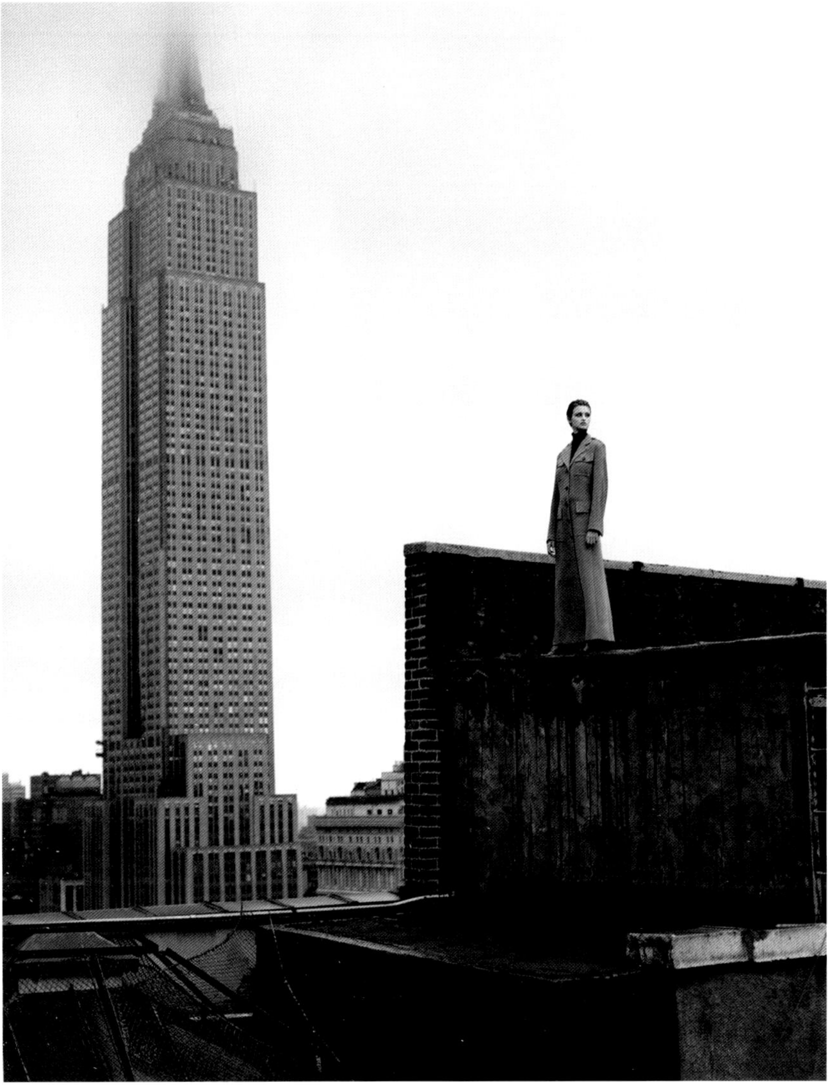

61. Trish Goff. Nueva York, 1996

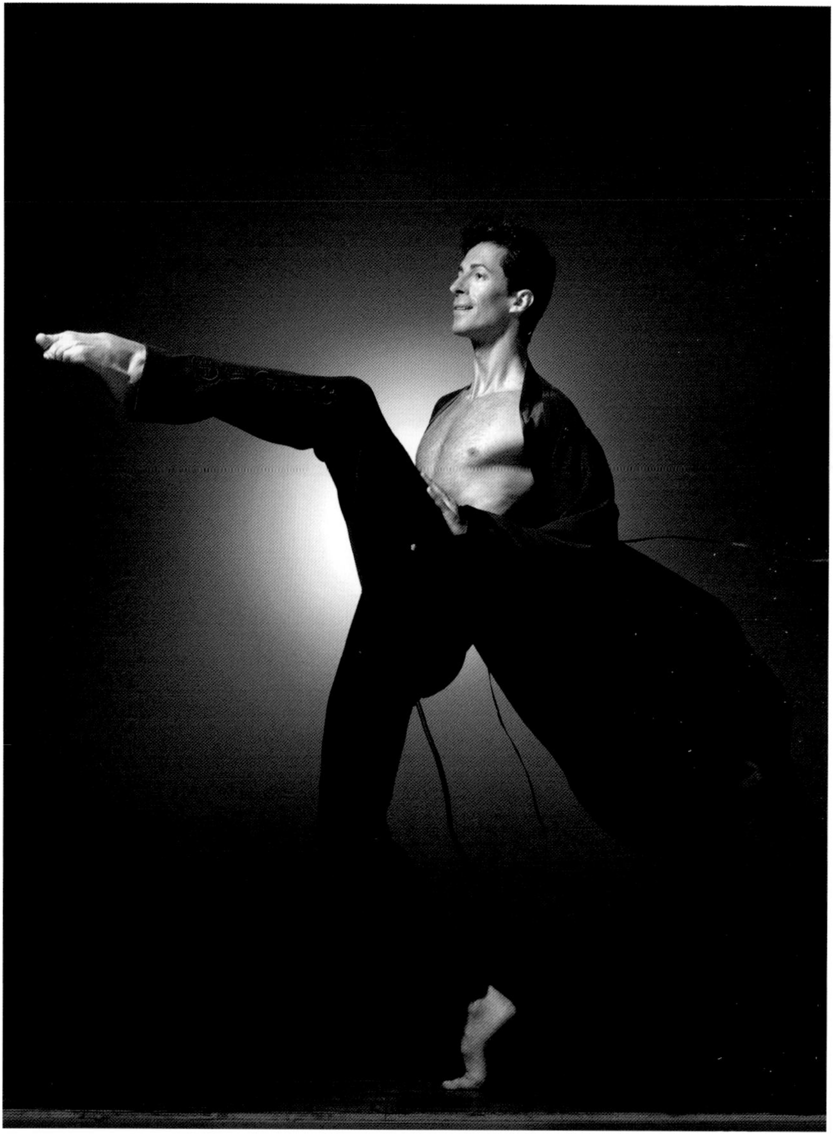

62. José Carlos Martínez. Madrid, 2011

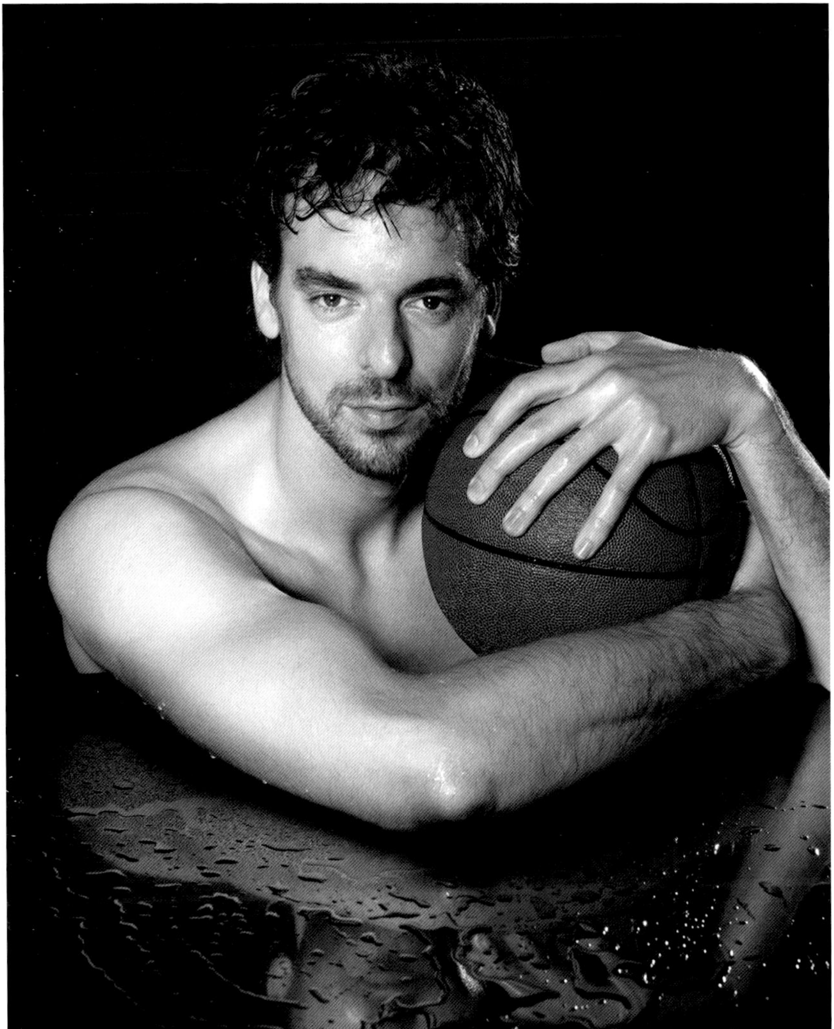

63. Pau Gasol. Barcelona, 2012

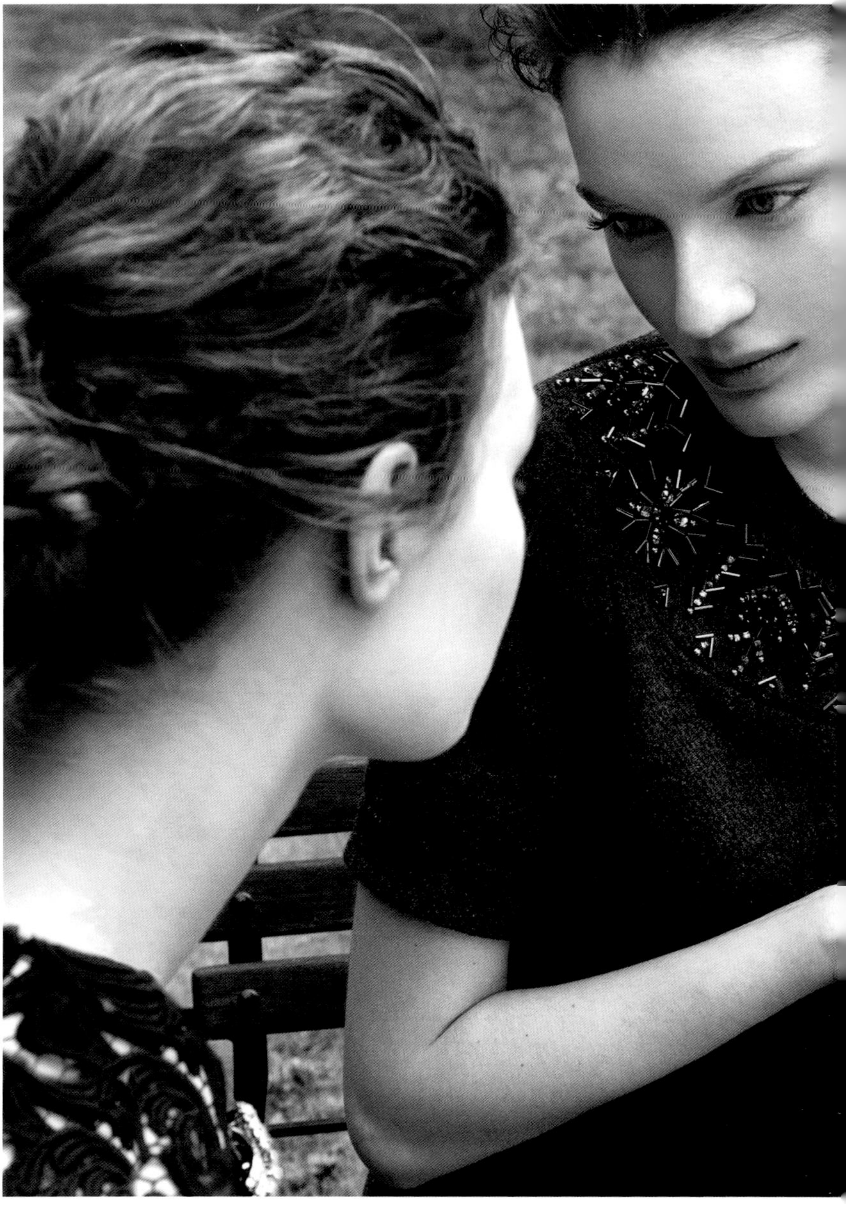

64. Tina y Caterina. Grünewaldsee, Berlín, 2008

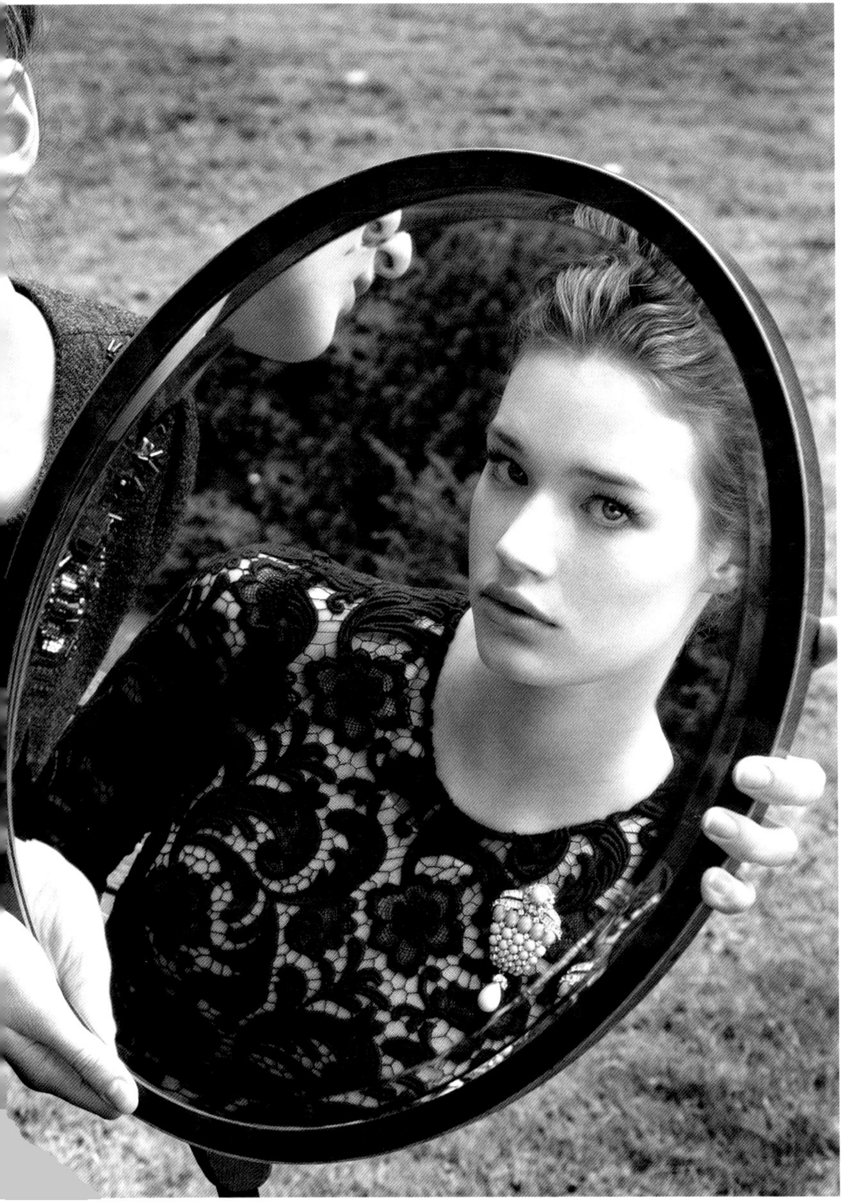

Cronología

1949 Nace en A Merca (Ourense), hijo de Cesáreo Outumuro y Rosa Conde.

1962 Se traslada con su familia a Barcelona.

1969 Comienza a estudiar diseño gráfico en la Escola Massana de Barcelona, hasta 1973.

1973 Forma parte de la Junta Directiva de la Associació de Dissenyadors Gràfics del Foment de les Arts i el Disseny durante cinco años.

1974 Inicia su labor como diseñador gráfico e ilustrador colaborando en la revista *Boccacio*, publicación vinculada a la *Gauche Divine.*

1975 Se integra en el equipo de redacción de la revista *Por Favor,* una de las publicaciones satíricas más comprometidas de la Transición. Sus ilustraciones ocupan con asiduidad la portada de dicha revista.

1976 Realiza ilustraciones y una tira de humor gráfico diario para *El Periódico de Catalunya* y *La Región* de Ourense, colaboración que concluye en 1979.

1977 Su pasión por el diseño industrial le lleva a comisariar la muestra *I Maestri*, con diseños de Gerrit Rietveld, Charles Rennie Mackintosh y Le Corbusier en el Barcelona Centre de Disseny.

1978 Expone por primera vez sus ilustraciones en la Galería Sargadelos de Barcelona.
Se traslada a Nueva York, donde vive cuatro años, y colabora como ilustrador en diversas publicaciones destacando *Punk Magazine* y *Blue Paper Card*.

1979 Abre estudio en el Lower East Side neoyorquino y se pasa de la ilustración al diseño textil, realizando encargos para Oscar de la Renta, Donna Karan, Perry Ellis o Calvin Klein, entre otros. Es así como entra en contacto con el mundo de la moda.

1983 Se instala en Barcelona, sin cerrar el estudio de Nueva York, especializándose en la gráfica y la fotografía aplicadas a la comunicación visual en la moda. Colabora con diseñadores como Guillermina Baeza, Manuel Piña y Antonio Miró.

1984 Aporta una nueva visión gráfica a la revista *Fotogramas*, cambiando su diseño con una nueva maqueta y asumiendo la dirección de Arte.

1987 Diseña *La Vanguardia Mujer*.
Como director de Arte colabora con Toni Bernat, María Espeus, Manel Esclusa, Javier Vallhonrat, Lance Staedler o Steven Klein, entre otros fotógrafos.

1988 Imparte clases de fotografía y dirección de arte aplicada a la edición de revistas en la Escola Eina, hasta 1995.

1990 Comisaría la retrospectiva *Fifteen of my Fifty with Tiffany*, dedicada a la diseñadora de joyas Elsa Peretti, y diseña el catálogo de la exposición, por encargo del Fashion Institute of Technology de Nueva York.

Inicia su actividad como fotógrafo de moda publicando su primer editorial en el suplemento dominical de *La Vanguardia*.

1993 Publica sus primeros reportajes de retratos de actores en la revista *Fotogramas*.
Realiza su primera sesión fotográfica para *El País Semanal*.

1994 Colabora con cabeceras como *Woman*, *Marie Claire*, *Telva*, *Vogue*, *Ragazza*, *Elle* o *Cosmopolitan*.

1995 Rueda su primer spot publicitario como director. Colabora con Isabel Coixet, realizando las fotos y la gráfica de la película *Cosas que nunca te dije*.

2002 Recibe el premio ARI al Mejor Fotógrafo del Año, concedido por la Asociación de Editores de Revistas de Información.

2003 Al trasladar su estudio al Palau Palmerola en Ciutat Vella de Barcelona, restaura el salón noble tras descubrir las pinturas murales de Pere Pau Muntanyà, datadas en 1785. La Associació Catalana de Crítics d'Art le otorga el premio a la Recuperación Privada del Patrimonio.

2005 El Ministerio de Cultura de España y la Sociedad Estatal para Exposiciones Internacionales le encargan el comisariado de la exposición *Genio y figura. La influencia de la cultura española en la moda*, que se exhibe en el Museo de Arte Moderno de Saitama (Tokio) y el Museo del Traje de Madrid.

2009 Retrospectiva *Outumuro Looks. Veinte años fotografiando moda*, que reúne su trabajo realizado entre 1990 y 2010, organizada por el Ayuntamiento de Barcelona y el Museu del Disseny.

2011 El Ministerio de Cultura de España y la Fundación Balenciaga le encargan fotografiar el fondo de los trajes históricos del Museo Balenciaga, del que nace la exposición *Mirar y pensar Balenciaga*.

2014 Participa en Paris Photo, con la Galería + R Maserre.

Exposiciones individuales

1996 *Actores*. Galería Marisa Marimón, Ourense.

2001 *Barcelona. Otra visión*. Galería Vinçon, Barcelona.

2003 *Fluidos*. Compact Art Gallery, Barcelona.

2004 *La vitrina del fotògraf*. Palau Robert, Barcelona.

2008 *Remakes*. Festival de Cine de San Sebastián.

2009 *Tempo atopado*. Museo Municipal de Ourense.
Remakes II. Festival de Cine de San Sebastián.

2010 *Outumuro Looks. Veinte años fotografiando moda*. Museu Tèxtil i d'Indumentària, Barcelona.

2011 *Divas*. Festival de Cine de San Sebastián.

Mirar y pensar Balenciaga. Sala Kutxa, San Sebastián.
49 tests. Galería Raíña Lupa, Barcelona.

2012 *Mirar y pensar Balenciaga*. Fundación Caixa Galicia, Santiago de Compostela, y Museo del Traje, Madrid.
Ver o no ver. Casa América, Madrid.

2013 *Outumuro Looks. Veinte años fotografiando moda*. Multimedia Art Museum, Moscú.

2014 *Outumuro Looks. Veinte años fotografiando moda*. Museo Etnográfico de Castilla y León, Zamora.

Exposiciones colectivas

2003 *Tras el espejo*. Museo Nacional Centro de Arte Reina Sofía, Madrid.

2007 *Espejos del alma: el retrato fotográfico en la España de nuestros días*. Consejería de Cultura y Turismo de la Comunidad de Madrid.

2010 *Del ojo que se resguarda en los mares*. Galería Raíña Lupa, Barcelona.

2013 *A cop d'ull*. La Virreina Centre de la Imatge, Barcelona.

Monográficos

2001 *Barcelona. Otra visión*. Disparo Editorial, Barcelona.

2002 *Up Close, Close Up* (con texto de Joana Bonet). Disparo Editorial, Barcelona.

2009 *Test* (con texto de Manuel Outumuro). Disparo Editorial, Barcelona.
Tempo atopado (con texto de Maribel Outeiriño). Disparo Editorial y Concello de Ourense.

2010 *Outumuro Looks* (con textos de Silvia Ventosa, Eugenia de la Torriente, Margarita Ledo, Isabel Coixet, Lydia Kamitsis y Joana Bonet). Ayuntamiento de Barcelona, Institut de Cultura y Disseny Hub Barcelona.

2011 *Balenciaga* (con textos de Miren Arzalluz, Marie-Andrée Jouve, Pierre Arizzoli-Clémentel y Lourdes Cerrillo Rubio). Fundación Cristóbal Balenciaga y Editorial Nerea, San Sebastián.

2012 *Ver o no ver*. Fundación Ojos del Mundo y Fundación Telefónica, Madrid.

Obra en museos y colecciones

Cristóbal Balenciaga Museoa.
Museu del Disseny de Barcelona.
Fundación Ojos del Mundo.
Museo Municipal de Ourense.
Fundación Elsa Peretti.
Real Academia de Bellas Artes de San Fernando.

Outumuro, a classic of the Avant-Garde

Joana Bonet

Let's start from the beginning: why has Manuel Outumuro become, in little over twenty-five years, a classic of contemporary fashion photography and portraiture? I remember the first time he showed me his photographs, halfway between joyous and shy, with that ever so Galician cornered look about him. What started as a natural extension of a creative vein—not for nothing had Manuel Outumuro worked as art director, graphic designer and illustrator before—developed into unflappable poise. Quickly he moved beyond his other trades, which like any good Renaissance man he carried on cultivating in order to establish some sort of dialogue with his photographs: from art, to film, literature or book publishing. Those initial images I saw in the staff room of *Woman* magazine belonged to a fashion shoot in the French capital, a true declaration of principles titled "The Avant-Garde Returns to Paris" which revealed to us emerging designers such as Isabel Marant or Martin Margiela, who in time would gain great recognition.

Outumuro loved fashion. He had lived in New York in the times of Halston, Richard Martin and his friend Elsa Peretti, the retrospective of whom he curated at the FIT (Fashion Institute of Technology). He frequented Studio 54's private rooms with Andy Warhol and his gang and in doing so assimilated a mixture of influences that would later nourish his compositions: from the melancholy nature of a Galician village, art books, libraries, Barcelona's Gothic Quarter, museums, Balenciaga's historical dresses—which he photographed—in Guetaria. And so on, until he achieved total control of absolute glamour, though it must be said, always garlanded with his own *sauvage* touch.

Behind every great photographer there is a tale of the eye. Of its education and its commotion, of its irony and its dreams, of its romance with light and the soul. His brand began to be forged with his gaze. Both in close-ups, dominated by the character in question, and in compositions where space invades the scene, where the gaze establishes a game of distance and proximity in which above all it extols beauty.

Outumuro has always been driven by the challenge of finding a previously unrevealed side of his model. Whether it be a socialite or a writer, José Coronado or Lang Lang, Nieves Álvarez—so disturbing in the book—or Penélope in chiaroscuro. Outumuro thinks his photos. He goes through a preliminary process of self-absorption. A lay and virtuous form of spirituality, also internal turmoil, just like a mystic. The idea of the photograph cohabits with him for days in the same way that a poet evinces the structure of a poem on a paper napkin at the bar. And in the midst of his reverie he evokes the Venus de Milo, Goya, Velázquez, Kertesz, August Sander or Ortiz Echagüe, all of whom treated clothes as an element of the composition. Outumuro's style could not be conceived of without the creation of carnal and spatial geometries, often blended into a single image.

Classical spell: Horst, Avedon, Penn, unafraid of white backgrounds or naked gestures. Artifice only makes it into the scene when it is harmonious, never to challenge the order or the body's harmony, only when it provides the composition with a vanishing point, be it a feather headdress or a line of neoclassical columns. Outumuro's work is punctuated by a recreation of echoes that find their source in humanism and the Renaissance, which experimented with different optics and studies of human anatomy. Bi-dimensional bodies that pay tribute to graphic art, Op-art and the avant-garde of the beginning of the XX century. Or Victorian, romantic, hypermodern portraits. Because, as Gilles Lipovestsky argues: "Modernity was resistive, supermodernity is integrative".

In his absolute control of fashion photography three cornerstones are deployed: the models, the context and the future as multifaceted elements that constitute the essence of gender. The real disappears to become an oneiric symbol. This is a key aspect to understand his reputation as a classic, always immune to trends, even to provocation and the spectacle. Because his ambition goes beyond the very essence of fashion: its expiration. His women, if they love at all, love with the restrained, almost absent gestures of Wong Kar-Wai's heroines. If they have internal conflicts, they are never limited to the domestic arena but rather possess the distressed—but not distressing—signs of the troubled souls that populate Ingmar Bergman's endless filmography. They are brave, stubborn, exquisite, noble, determined, blonde, in the deepest sense of the word, which has nothing to do with the colour of their hair. "There is perfect harmony between what they are wearing—let's call it fashion, though it goes well beyond the term—and what they feel", wrote Isabel Coixet in relation to his cinematographic remakes, which manage to capture perfectly the original blueprint.

I have been fortunate enough to witness the origin of many of the images included in this book as a fashion magazine editor but above all as an accomplice, friend, admirer of Outumuro.

From receiving his first ideas to make a Polly Maggoo in the style of William Klein, to blend Picasso with Ferran Adrià's sailor top, or to request permits from the Victoria and Albert Museum to pay tribute to the incestuous relationship held by art and fashion, and to have the ambition to photograph haute couture dresses with Turner's tempests in the background. Years sharing doubts and discussing intentions, turning one of the trends of the spring—summer or fall/winter—in a treatise on memory and beauty. "The true content of a photograph is invisible", said John Berger in his series *Ways of Seeing*, confirming that we never look at only one thing but rather at the relation between things and ourselves. Because photography turns out to be an artificial construction of the image that makes us feel the presence and the absence of the other. It reveals a subjective world beyond its pose and its immobility. We perceive the restrained breath and the effort to depict a truth distanced from the real world. Which does not mean it stops being true. Therein lies the greatness of the photographer: guiding the self-representation of the vision that will reveal itself before our eyes, searching for the looking glass of an inner mirror. The secret is making it human despite the fact that the aim of the portrait be the construction of a myth.

Outumuro is a hunter of beauty. He does not tolerate provocation unless it comes accompanied by harmony. He loathes obstacles, but he always ends up domesticating them and to achieve this he conceptualises them first, then he visualises them and finally he shoots. An obsessive aesthete, he chases the perfection that often is shattered in everyday landscapes, and he makes use of indolence or arrogance, of ingenuity or mystery to achieve his goal. Spotting an angel and that immaterial beauty might be possessed by his eye. And as Maurice Blanchot expressed it, "when the being announces itself in its own absence, that is when it starts resembling itself".

Black and white. The seduction of light. A subtly Freudian game of shadows on which his gaze will emerge, sagacious and refined. Tanizaki, in "*In Praise of Shadows*, holds that Japanese tradition spread as an articulation halfway between light and shadow, making chiaroscuro its favoured object. Light had to ride the shadows: "beauty, in ancient Japanese culture, was not something in itself but the result of the juxtaposition of light and dark". Outumuro is not Japanese, even if the phonetics of his surname leads to confusion, but he professes an intimate romance with shadows.

Behind every image that comprises this book, he has stood in front of his lens equipped with his near-amorous respect for the shot, be it of some models walking away from him along the bridge over the Seine or of Enrique Vila-Matas facing him. The images stop being themselves to become the result of resolve, of the find, and of chance. It is real, to be sure, but above all the feeling that smacks every click is immortal, like a wonderful aria or a Stendhalian rapt to freeze the gesture and edit it. In the middle, a quiet distance embraces us and comforts us, with no presumptions or labels, in the style of the classics capable of making hard things easy, turning wakefulness to sleep, photography to legend.

Joana Bonet

Periodista y escritora. Dirigió las revistas *Woman* y *Marie Claire*, entre 1992 y 2012. Es articulista de *La Vanguardia* desde 2006 y colaboradora de Julia en la Onda (Radio Onda Cero). Como editora de Prisa Revistas, puso en marcha la cabecera *Icon* para *El País*. Actualmente es consejera editorial en Prisma Publicaciones del Grupo Planeta. Es autora de libros como *Hombres, material sensible*, *Las metrosesenta* y *Generación paréntesis* y, junto a Anna Caballé, de *Mi vida es mía*.

Joana Bonet is a journalist and writer. She was at the helm of the magazines *Woman* and *Marie Claire* between 1992 and 2012. She has been a columnist in *La Vanguardia* since 2006 and a contributor to Julia en la Onda (Radio Onda Cero). As the managing director of Prisa Revistas she launched the masthead *Icon* on behalf of *El País*. Presently she is an editorial adviser at Grupo Planeta's Prisma Publicaciones. She is the author of books such as *Hombres, material sensible* (Men, sensitive material) *Las metrosesenta* (Fivefootthree women) and *Generación paréntesis* (Bracket generation), and together with Anna Caballé of *Mi vida es mía* (My life is my own).

PHoto**Bolsillo**

Director de la colección / Series Editor
Chema Conesa

Coordinación / Coordination
Doménico Chiappe

Diseño original / Original Design
Fernando Gutiérrez

Asistencia editorial / Editorial Assistance
Carmen Corral

Traducción / Translation
Montague Kobbe

Fotomecánica / Photomecanics
Cromotex

Impresión / Printer
Brizzolis

ISBN
978-84-16248-05-6

Depósito legal
M-4976-2015

Director general / General Manager
Álvaro Matías

Directora editorial / Editorial Content Manager
Camino Brasa

Director de Desarrollo / Development Manager
Fernando Paz

Director de Producción / Production Manager
Rufino Díaz

Distribución / Distribution
Raúl Muñoz

LA FABRICA

Presidente / President
Alberto Anaut

La Fábrica
Verónica, 13
28014 Madrid
Tel.: 34 91 360 1320
edicion@lafabrica.com
www.lafabrica.com

Una coedición entre / A Coedition Between

LA FABRICA

cromotex
ARTES GRÁFICAS DIGITALES

BRIZZOLIS arte en gráficas

Biblioteca de Fotógrafos Españoles

Xavier Miserachs
Nicolás Muller
Humberto Rivas
Ricky Dávila
Koldo Chamorro
Francesc Català-Roca
Carlos Pérez Siquier
Luis Pérez-Mínguez
Gabriel Cualladó
Javier Vallhonrat
Miguel Trillo
Pilar Pequeño
César Lucas
Fernando Gordillo
Agustí Centelles
Baylón
Isabel Muñoz
José María Díaz-Maroto
Cristóbal Hara
Antonio Tabernero
Alberto García-Alix
Pablo Genovés
Clemente Bernad
Carlos Serrano
Ramón Masats
Óscar Molina
Cristina García Rodero
Pablo Pérez-Mínguez
Joan Fontcuberta
Navia
Ricard Terré
Fernando Herráez
Oriol Maspons
José Ignacio Lobo Altuna
Xurxo Lobato
Genín Andrada
Valentín Vallhonrat
Vari Caramés
Juan Manuel Díaz Burgos
Ferran Freixa
José Antonio Carrera
Manuel Vilariño
Kim Manresa
Rafael Navarro
Toni Catany
Luis Escobar
Marta Sentís
Chema Madoz
Ciuco Gutiérrez
Alberto Schommer
Ouka Leele
Manel Esclusa
Laura Torrado
Ángel Marcos
Ortiz Echagüe
Francisco Ontañón
Carlos Saura
Alfonso
Juan Manuel Castro Prieto
Pep Bonet
Juantxu Rodríguez
Paco Gómez
Virxilio Vieitez
Gonzalo Juanes
Rosa Muñoz
Leopoldo Pomés
José Ramón Bas
David Jiménez
Leonardo Cantero
Jordi Socías
Colita
Alfredo Cáliz
Gervasio Sánchez
Txema Salvans
Matías Costa
Emilio Morenatti
Pierre Gonnord
Ricardo Cases
Sofía Moro
Joan Tomás
Atín Aya
Rafael Trobat
José Cendón
Luis de las Alas
Joan Fontcuberta 2
Chema Conesa
Ragel
Samuel Aranda
Rafael Sanz Lobato
Juana Biarnés
Manuel Outumuro

Biblioteca de Fotógrafos Latinoamericanos

Luis González Palma
Casasola
Marcos López
Cia de Foto
Raúl Cañibano

Biblioteca de Fotógrafos Africanos

Jean Depara
Samuel Fosso
Mama Casset
Zwelethu Mthethwa

Próximo título / To Be Published

Cristina de Middel

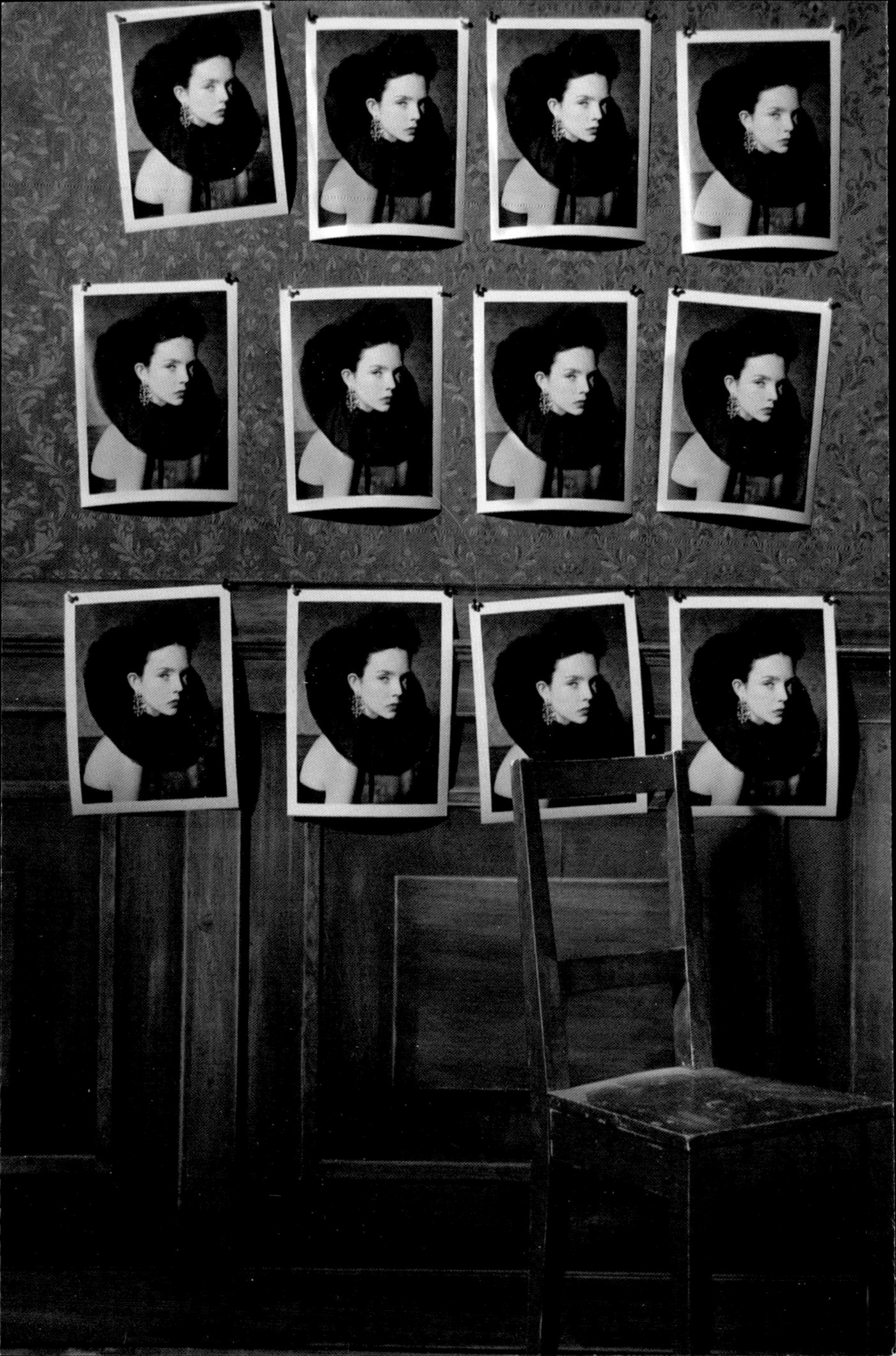